AF545468

Frank Michael Zeidler

Das verlorene Bild

»Das Buch sei all denen gewidmet, die sich zeitlebens mit Haut und Haar der Kunst verschrieben und im Laufe ihres Lebens große wie kleine Meriten gesammelt haben, deren Hinterlassenschaft jedoch Hinterbliebenen wie möglichen Nachlassverwaltern großes Kopfzerbrechen bereitet und sie vor nahezu unlösbare Aufgaben stellt.«

Frank Michael Zeidler

Das verlorene Bild

Eine Aufforderung zur Reflexion über Künstlernachlässe

modo

Inhaltsverzeichnis

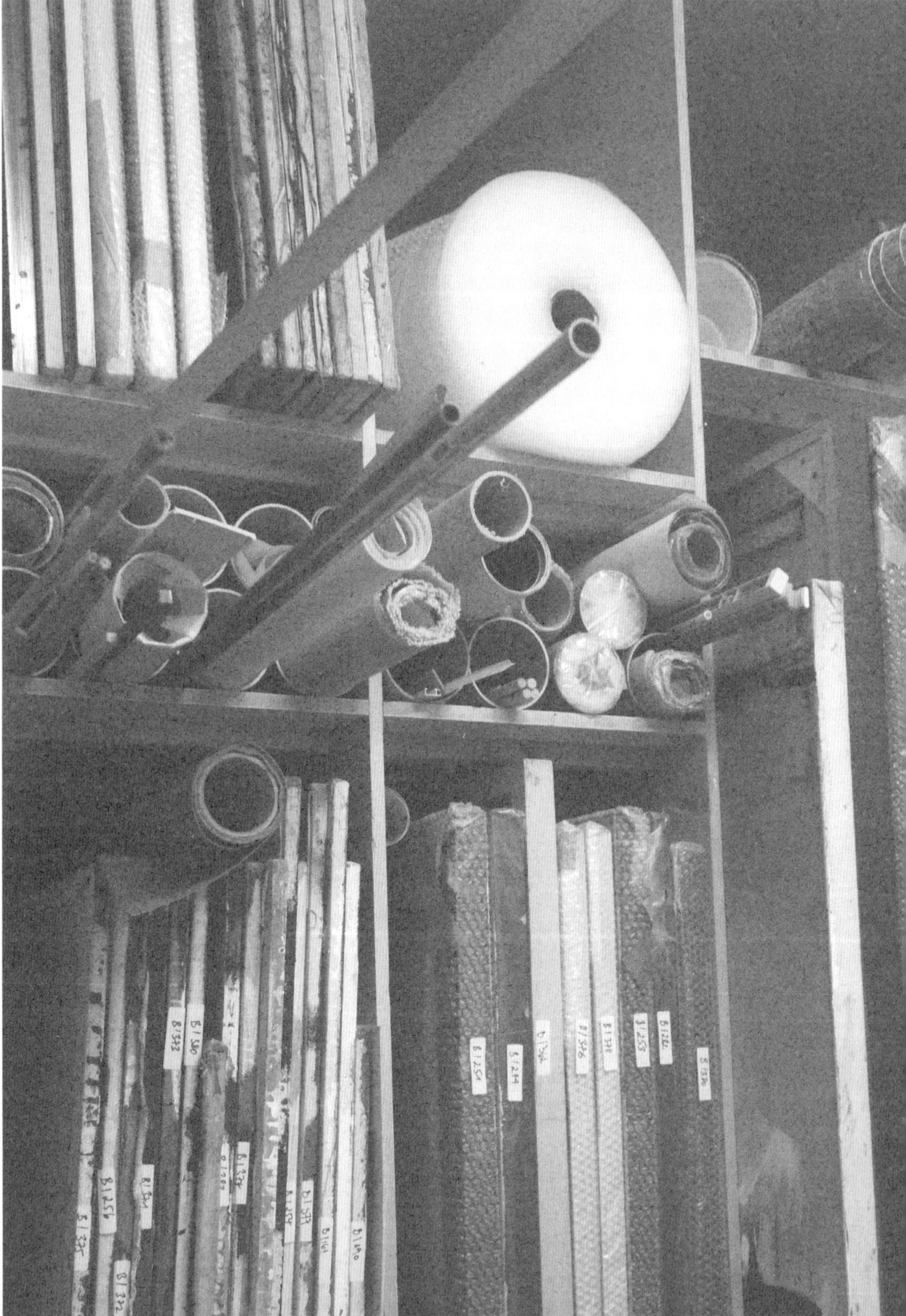

»Jeder Gedanke über den persönlichen Nachlass, jedes Gespräch und jeder Handgriff, der hilft, das Eigene zu sortieren, bereitet uns selbst und unseren Nachfahren einen unbeschwerteren Weg.«

Einleitung

Seit nunmehr fast 40 Jahren arbeite ich selbst als Bildender Künstler, habe lange Zeit an Kunsthochschulen unterrichtet und verdiene meinen Lebensunterhalt mit all den üblichen Glücksmomenten und Schwierigkeiten als freischaffender Maler und Zeichner. Ich kenne die Abgründe des Sammelns von Material und fertigen Werken, Werkgruppen, Grafiken, Leinwänden und von zahlreichen Papierarbeiten aus eigener freudiger wie beängstigender Erfahrung und aus Beobachtungen bei befreundeten Kolleginnen und Kollegen. Allein in meinem Freundeskreis finden sich unüberschaubare Mengen von bemerkenswerten künstlerischen Leistungen und maßlos vielen Werken, Materialsammlungen und Archiven, die das Ergebnis aufopferungsvoller künstlerischer Arbeitsleistung und schier unbändigem Arbeitswillen sind. All diese Schatzkammern wollen verwaltet und in die Zukunft getragen werden, doch allein die Anstrengung, die Aufzeichnungen auf diesen Weg vor-

zubereiten, kostet ein kaum einzugrenzendes Maß an Engagement für die Künstlerinnen und Künstler wie für ihre Angehörigen, welches nicht nur verhandelt, sondern auch geleistet werden will.
Es ist mir seit Langem ein persönliches Anliegen, meine eigene Materialansammlung, mein künstlerisches Werk zu überschauen, zu sortieren und so vorzubereiten, dass ich selbst schon zu Lebzeiten damit umgehen kann und dass meinem Sohn sowie den nachfolgenden Generationen – wenn sie denn wollen – der sorgsame und respektvolle Umgang wie eine große Entscheidungsfreiheit über meinen Nachlass und reichlich Spielraum für eine eigene Suche nach Vergangenem gelassen wird. In diesem Zusammenhang gibt es Überlegungen, die im Stillen reifen, und öffentliche Äußerungen als Vortragsredner auf verschiedenen Symposien zu dem Problemkreis der Künstlernachlässe. So habe ich in Zusammenarbeit mit dem Deutschen Künstlerbund im Jahre 2012 ein Symposium initiiert, das sich dieser Nachlassthematik widmete (*Künstlernachlässe – Wohin mit der Kunst?* Berlinische Galerie, Berlin 2015, ISBN 978-3-929283-15-0.) Die uns alle überraschende große Resonanz hat mich ermutigt, dieser Fragestellung weiter zu folgen, und es ist deutlich geworden, dass das Thema ›Künstlernachlässe‹ in unserer Zeit dringender diskutiert werden muss, als es bislang geschehen ist – auch, um zukünftig besser abgesicherte Lösungsmodelle für ein mögliches Bewahren zu finden. Zudem ist festzustellen, dass die Zahl der Betroffenen, Nachlassgeber wie Nachlassnehmer, ständig ansteigt, die – eingeschüchtert angesichts der unbändigen Mengen – dringend nach Lösungen und Denkanstößen für die Bewältigung der erdrückenden Massen an zu vererbenden Kunstwerken suchen.

Ich habe mich in dieser Abhandlung bemüht, all die Aspekte eines Künstlernachlasses zusammenzutragen, die für Kolleginnen und Kollegen, aber auch für Nachlassnehmer interessant sein könnten. Das Buch richtet sich im Allgemeinen an alle Interessierten und von Künstlernachlässen beeindruckten Personen und im Besonderen wendet es sich an diejenigen unter den Kolleginnen und Kollegen, die zeitlebens als Künstlerin, als Künstler aktiv waren und sich – ihrer persönlichen Situation geschuldet – nicht in dem Kreise derer wiederfinden, die ohne Sorge um den eigenen Nachlass sind, weil sie bereits von Museen und öffentlichen wie privaten Sammlungen und Stiftungen ausreichend versorgt werden.
Natürlich gibt es genügend Beispiele für Künstlerinnen und Künstler unserer Zeit, die nach ihrem Ableben einen geordneten Nachlass und ein bereits archiviertes Gesamtwerk hinterlassen und sich infolgedessen nicht mit einem Büchlein wie dem hier vorliegenden beschäftigen werden. Aber es gibt ebenso unzählige Kolleginnen und Kollegen, die in einem kulturhistorischen Zusammenhang mit einer sinnvollen und adäquaten Nachlassregelung bedacht werden sollten, weil ihr Werk von regionalem oder auch internationalem Rang erscheint, die Verbreitung aber weniger gesichert und die Werkmasse möglicherweise mit unüberwindbaren Schwierigkeiten für einen Nachlass behaftet ist. Das Buch sei all denen gewidmet, die sich zeitlebens mit Haut und Haar der Kunst verschrieben und im Laufe ihres Lebens große wie kleine Meriten gesammelt haben, deren Hinterlassenschaft jedoch Hinterbliebenen wie möglichen Nachlassverwaltern großes Kopfzerbrechen bereitet und sie vor nahezu unlösbare Aufgaben stellt. Und es sei all denen angeboten,

die kopflos werden könnten angesichts der erdrückenden Fülle, die auf sie gekommen ist oder die zu erben in Aussicht steht.
Die Überlegungen zu möglichen Nachlassregelungen sind ebenso an all diejenigen zukünftigen Nachlassnehmer gerichtet, die an den Schwierigkeiten verzweifeln, welche das Einfühlen und Eindenken in das Werk eines Verstorbenen mit sich bringt. Oftmals ist es der fehlende Zugang zu einem Werk oder gar das schiere Unverständnis gegenüber der künstlerischen Leistung, welches die Angehörigen lähmt und sie unfähig sein lässt, das Werk ausreichend und respektvoll für einen Nachlass zu versorgen.
Mit meinen Überlegungen werden sich all diese Probleme in persönlichen Bereichen und im Organisatorischen nicht lösen lassen, aber der vorliegende Text ist der Versuch aus der Sicht eines Kunstproduzenten, mehrere Standpunkte des Problemkreises zu reflektieren und dabei Anregungen für betroffene Kolleginnen und Kollegen in den Raum zu stellen. Der Leser möge sich bewusst sein, dass es für den Umgang mit Nachlässen keine generellen Lösungen oder Lösungsangebote geben kann – zu besonders sind die einzelnen Produzenten, zu unterschiedlich ihre Verknüpfungen mit Handel und Ausstellungshäusern, zu einzigartig die jeweiligen familiären Verhältnisse. Selbst rein organisatorische, juristische und steuerrechtliche Voraussetzungen müssen immer im Einzelfalle abgeklärt werden. Deshalb sind die hier formulierten Gedanken und Hinweise – auch wenn sie manchmal vielleicht etwas verkürzt oder radikal erscheinen mögen – vor allem als Anstoß gedacht, sich dem eigenen Nachlass schon zu Lebzeiten beherzt zu nähern und das Gespräch über mögliche Lösungen eher heute als morgen zu suchen.

Ich habe über Jahre hinweg immer wieder erfahren dürfen, dass allein die Anstiftung zur Reflexion wahre Wunder bewirken kann, und hoffe, dass meine Überlegungen helfen, dem häufig verdrängten Nachlassproblem offener zu begegnen als es landläufig getan wird. Dabei muss die Versorgung, die Archivierung, die damit verbundene mögliche Vermarktung und in letzter Konsequenz der kulturhistorische Umgang mit einem Künstlernachlass kritischer hinterfragt werden, als das in den vergangenen Jahrzehnten bei allen Betroffenen möglicherweise der Fall gewesen ist. Dass mit all diesen Überlegungen auch zwangsläufig eine kritische Reflexion des Kunstmarktes und der Arbeitsbedingungen für Künstlerinnen und Künstler einhergeht, ist unausweichlich und soll bei all den Überlegungen zu den Nachlassproblemen nicht außer Acht gelassen werden.

Da ich ein ganzes Künstlerleben lang als Maler unterwegs war, der sich in zweidimensionalen Vorgaben bewegt hat, benutze ich in diesem Text zumeist das Wort ›Bild‹, welches als Abbild im Allgemeinen verstanden werden möchte. Es ist im erweiterten Sinne auf jedwede künstlerische Äußerung anzuwenden: auf Installationen, Videoarbeiten, Grafiken, Zeichnungen, Bilder auf Papier oder Leinwand und vieles mehr. Das Wort ›Bild‹ erscheint mir als Abkürzung für all die möglichen Versuche künstlerischer Äußerung sinnig und verständlich zugleich. Dabei möchte ich keinesfalls künstlerische Arbeiten und Werke anderen Materials oder unerwähnter Zustandsform ausgrenzen oder gar kritisieren.

Ich möchte all denen danken, die mir geholfen haben, diese Schrift zu verfassen. Mein Dank gilt insbesondere meiner Frau für ihre

Unterstützung und meiner Lektorin Simone Neteler, die mich mit andauernder Geduld angehalten hat, meine Überlegungen einfacher zu formulieren, als ich es üblicherweise tun würde. Viele gaben mir in unzähligen Gesprächen mit ihren teilweise überraschenden Anmerkungen neue Denkanstöße und waren mir gleichzeitig Inspiration wie Aufforderung, mich diesem schwierigen Thema in dieser Schrift zu widmen. Ich wünsche mir, mit meinen Überlegungen nicht in einem belehrenden, sondern in einem eher diskursiven Maß einen Beitrag zu dem Thema ›Nachlässe‹ geliefert zu haben, das bekanntermaßen von uns allen, die wir sterblich sind, oftmals aus Angst und schierem Unvermögen in allzu ferne Welten verbannt wird.

»Es ist wohl ein generelles Schicksal jedweder Forschung, Wissenschaft oder von künstlerisch Geschaffenem, dass spätere Generationen sich neuen Interpretationen hingeben könnten oder manches eben auch weniger geschätzt werden oder gar verloren gehen kann.«

Kulturelles Erbe

Die Idee eines Nachlasses war stets geprägt von einer archaischen Vorstellung, Hab und Gut oder die Sicherung der Existenz an kommende Generationen weiterzugeben. Auch wird es ebenso als unausgesprochenes Lebensziel erachtet, neben der Freiheit des in die Zukunft gerichteten Forschens ein unverzichtbares kulturelles Erbe beizutragen – zum Wohle der Menschheit und ihres weiteren Bestandes. Offensichtlich möchte man das eigene Unvermögen, sich von materiellen Dingen zu trennen, insoweit kompensieren, dass die während des eigenen Lebens gesammelten und errungenen Erkenntnisse und Früchte zumindest von den Kindern weiterhin genutzt werden können.

Viele Menschen, gleich welcher Profession, sind fasziniert von der Idee, sich in die großen Bibliotheken der Menschheitsgeschichte einzuschreiben, und sie möchten allzu gerne ein eigenes Buch, das gefüllt ist mit Wissen, Anmerkungen und Erkenntnissen sowie den Berichten aus der eigenen Lebenszeit, in das große Archiv eines allumfassenden Menschengedächtnisses stellen. Die Menschheitsgeschichte belegt diese Vorstellungen mit unterschiedlichen Gedankenmodellen – von der Idee Rudolf Steiners einer Akasha-Chronik, in der Erleuchtete im Weltgedächtnis lesen können, bis hin zur christlichen Mythologie. So ist schon in der Bibel festgehalten, dass alles für kommende Zeiten bereits beschrieben ist; lediglich die Zeichen der Vorahnung sind sinnig einzuschätzen, um sich im Glauben auf das bereits sichere Kommen des Vorhergesagten einzurichten.
Die Unwissenheit über die großen Zusammenhänge des Weltgeschehens und das bloße Ausgeliefertsein haben die Menschheit offensichtlich schon seit jeher stark belastet, und die Sinnfälligkeit eines eigenen Beitrags zur Interpretation des Weltgebäudes – und des damit möglichen regulierenden Eingriffs in dasselbe – hat unzählige Generationen der Menschheit beflügelt und zu intellektuellen wie künstlerischen Leistungen angetrieben. Die Ergebnisse all dieses Tuns werden in aller Regel dokumentiert und vererbt, doch nicht nur banale Gebrauchsgegenstände, Immobilien und – für den Erbnehmer besonders glücklich – erwirtschaftetes Geld werden an die nächste Generation weitergegeben. Geistiges, schriftlich Festgehaltenes und Artifizielles zur Erbauung sowie Geschaffenes, das zur Selbsterkenntnis eines Künstlers, einer Künstlerin in die Welt gebracht

wurde, sollen möglichst vollständig und unverfälscht in die Zukunft getragen werden. Tatsächlich ist die Idee des Erbes nicht ausschließlich bestimmt von materiellen Gütern; zum Ausdruck kommt auch der Wunsch, Zeugnis abzulegen – ein Zeugnis, das sowohl über die Epochen der Menschheitsgeschichte als auch über die geistige und anthropologische Entwicklung der Spezies Mensch für zukünftige Generationen Auskunft geben soll. In nahezu allen Gesellschaften dieser Welt ist man von der Vorstellung beseelt, den Planeten nicht nur zu besiedeln, sondern ihn auch mit dem eigenen Wissen, mit der eigenen Kultur zu beherrschen – und dieses Vermögen soll infolgedessen selbstverständlich auch uneingeschränkt an die Nachfahren weitergereicht werden.

Der einen simplen Nachlass erhöhende Begriff ›Kulturelles Erbe‹ wurde im 18. Jahrhundert geprägt und ist in unserer modernen Gesellschaft mittlerweile fest verankert. Er definiert Immaterielles und Materielles – von Menschengeist und Menschenhand Geschaffenes – und er formuliert einen Beleg unserer Existenz und unser aller Entwicklungen. Der Begriff birgt den Anspruch in sich, unterschiedliche Zeugnisse einzelner Stadien dieser unserer Menschheitsentwicklung zusammenzutragen und als ein Archiv allumfassender Grundlagen den kommenden Generationen vorzuhalten.

Der zunächst anonym beschriebene Begriff des kulturellen Erbes, der nahezu allgemeingültig für unsere Vergangenheit verwendet wird, zeigt mit fortschreitender Entwicklung hin zu mehr Individualität eine zunehmende Zahl von personalisierten Belegen vererbter kultureller Wertschöpfungen. Die Venus von Willendorf war ein alle

Welt begeisterndes Fundobjekt, dessen Schöpfer namenlos blieb, das aber von der Kreativität und dem geistigen Entwicklungsstand der Zeit umfassend Auskunft geben konnte. Dagegen ist ein Nachlass, der heute der Öffentlichkeit zugänglich gemacht wird, zumeist personalisiert und von Belegen nahezu exhibitionistischer Natur angefüllt – Belegen, die die Vorlieben der Verstorbenen bis hinein in die intimen Seiten ihres Lebens dokumentieren und die allen Interessierten wie offene Blätter zum Studium vorgelegt werden können.

Die Komplexität moderner Gesellschaften verlangt es offenbar, dass Nachweise unterschiedlicher Provenienz von einzelnen Mitgliedern der Gemeinschaft gesammelt und archiviert werden. Der Begriff ›Kulturelles Erbe‹ allerdings ist eher in einem übergeordneten Zusammenhang zu verstehen, der seriöserweise unabhängig von den jeweiligen Befindlichkeiten der Erblasser wie Erbnehmer eines Werknachlasses diskutiert werden muss. Die für die Werkauswahl verantwortlichen Erben eines Künstlernachlasses sehen sich zwar zunächst oft mit der Frage nach einer grundsätzlichen Notwendigkeit des Bewahrens konfrontiert, aber sobald die Entscheidung über den Fortbestand getroffen worden ist, gehen viele Nachlassnehmer gerne generell von der unumstößlichen Tatsache aus, dass der zu verhandelnde Nachlass grundsätzlich einem wie auch immer gearteten kulturellen Erbe zuzuschlagen sei.

Hier zeigt sich jedoch schnell in aller Deutlichkeit, dass zu Lebzeiten der Künstler nicht vorgenommene Einordnungen oder Einschätzungen ihrer künstlerischen Werke den Erbnehmern große Schwierigkeiten bereiten werden. Denn eine mögliche Unfähigkeit, das Werk

bereits zu Lebzeiten einschätzen zu können, wird posthum zum weitaus größeren Bumerang, da sich nach dem Tode des Künstlers oder der Künstlerin vieles noch weniger klären lässt als in Zusammenarbeit mit ihm oder ihr. Das ›Phänomen van Gogh‹, welches gerne als positives Beispiel einer posthumen wundersamen Vermehrung von Ruhm und Geld zitiert wird, ist in der Kunstgeschichte wohl eher die Ausnahme denn die Regel. Es ist anzunehmen, dass viele Nachlässe nach dem Ableben der Künstler leider zusehends an Bedeutung verlieren: Zu eng sind der Bestand und damit auch die Veröffentlichung und die Verbreitung an die jeweiligen Erschaffer gebunden, zu eng die lokalen und persönlichen Bezüge, welche nach ihrem Tode oftmals ebenso verblassen wie ihre vermeintliche Bekanntheit.
Hier wird – in einer Hochachtung den Verstorbenen gegenüber – oftmals die Beurteilung eines temporären Lebenszeugnisses ausgeblendet und durch die vermeintliche Adelung zum kulturellen Erbe jedwede Beweglichkeit im Umgang mit dem Werk eingeschränkt.
Der Appell einer Zuhörerin bei einer Veranstaltung zu Künstlernachlässen, organisiert vom Künstlerhaus Hamburg, zeigte mehr als deutlich den Konflikt, in dem sich Nachlassnehmer befinden: Die Annahme, das gesamte Werk müsse als solches beschützt und bewahrt werden, schließe ein Ordnen und mögliches Entsorgen von Einzelwerken schon deshalb aus, weil diese Tätigkeit ausschließlich vom Autor des Werkes wahrgenommen werden könne und man sich eine Autorschaft anmaßen würde, griffe man derart in das Werk ein. Der Einwurf ist doppelt bemerkenswert: Einerseits wird dem Werk mit einem schätzenswerten Respekt begegnet, andererseits lässt die

vorab gemachte Einschränkung das Werk nahezu unangetastet, da sie eine Sortierung, geschweige denn eine Komprimierung auf ein aussagekräftigeres Kernkonvolut kaum zulässt. Eine aus praktischen, sprich organisatorischen Gründen möglicherweise sinnvolle Beweglichkeit um der Erhaltung des Werkes willen scheint hier nicht mehr gegeben.

Die Scheu der Nachlassnehmer oder -verwalter, in das Werk per Auswahl einzugreifen, scheint zwar den nötigen Respekt vor der künstlerischen Äußerung des Verstorbenen in sich zu tragen, doch zeugt diese Ehrfurcht gleichzeitig auch von einem unentschlossenen Handeln, das wenig hilfreich für den Bestand des Werkes sein wird – zumal der sensible und respektvolle Betrachter der Werkauswahl möglicherweise eher einen sicheren Zugriff zum Werk haben könnte als der rigorose und unter Umständen nur von materiellen Interessen geleitete Verwalter.

Die eingrenzende Frage nach einem kulturellen Erbe wird zukünftig sicherlich auch mehr und mehr lokal spezifiziert werden, sodass die regionalen Zeugnisse immer weiter an Bedeutung gewinnen. Einzelne Nachlässe werden sich so eher in ortsgebundenen Archiven wiederfinden, als dass sie in nationalem oder internationalem Zusammenhang als kulturelles Interesse definiert werden können. Nachlässe, die in weltweiten Zusammenhängen verhandelt werden, sind mit aller Wahrscheinlichkeit schon zu Lebzeiten des Künstlers oder der Künstlerin von Experten auf diese vermeintlich höhere Ebene gehoben worden und demgemäß schon weitaus gesicherter als andere, unbekanntere Werkkomplexe, um deren Erhalt wir uns

in dieser Abhandlung über Künstlernachlässe intensiver kümmern wollen.
So sehr die Verquickungen des Kunstmarkt-Erfolgs und des daraus sich entwickelnden Anspruchs auf einen Stammplatz im kulturellen Erbe ausschlaggebend sein könnten, so sehr wird sich die Gemeinschaft von Experten und gegebenenfalls von Nachfahren damit abfinden müssen, dass ihr Urteil in der Zukunft auch wieder relativiert werden könnte. Auch heute müssen sich einst gelobte und den Moden der Zeit entsprechende Künstlerinnen und Künstler vergangener Epochen erneut dem harten Urteil der Kunstwissenschaftler, der Fachleute und der Allgemeinheit unterziehen. Dabei ist schon mancher einst gewaltige Name vehement vom Sockel der Verehrung herabgestoßen worden, wurden Künstlerinnen und Künstler, die sich zu Lebzeiten eines Platzes im Olymp des kulturellen Erbes sicher wähnten, posthum zu Marginalien des Kunstgeschehens degradiert.
Die Definition des kulturellen Erbes unterliegt – genauso wie die zu Lebzeiten stattfindenden Einschätzungen – den jeweiligen aktuellen Erkenntnissen der Forschung und den sich wiederholenden kritischen Untersuchungen: Das seinerzeit hochgeschätzte Urteil über ein Werk kann unter den prüfenden Augen der Fachleute gegebenenfalls mit neu gefundenen Argumenten widerlegt werden.
Das Prädikat »Kulturelles Erbe« unterliegt demgemäß immer dem Wandel der Zeit, es ist beeinflusst von kulturpolitischen Strömungen und wechselnden Empfindungen zu dem, was vermeintlich bedeutsam und erhaltenswert ist. Die Kriterienkataloge unserer Zeit – einer Zeit des tatsächlichen Überflusses und vielleicht größtmöglicher

Speicherkapazität für Kunstwerke – könnten sich durchaus schlagartig ändern. Die Ökonomie der Verwaltung von Werken könnte schon bald anders beurteilt werden als wir das zu Lebzeiten heute noch allzu gern annehmen wollen. So ist die Verwaltung eines kulturellen Erbes zu Zeiten des Überflusses an technischen wie organisatorischen Möglichkeiten weitaus leichter zu handhaben und politisch einzufordern als zu Zeiten einer möglichen Mangelverwaltung, deren Prioritäten weitaus enger gefasst sein könnten, als wir es uns heute vorstellen können.

Erbnehmer, die sich entschließen, einen Nachlass als kulturelles Erbe zu definieren und diesen entsprechend verhandelt sehen wollen, oder Kolleginnen und Kollegen, die sich der Einordnung ihres Werkes schon sicher glauben, können sich heute trotz alledem nicht den unvorhersehbaren zukünftigen Entwicklungen unterordnen: Keiner von uns weiß, wie sich die Zukunft gestalten wird – eine Zukunft, die für unseren Nachlass vielleicht auch nur eine einzige Generation weiter reichen könnte. Dennoch sind wir angehalten, nach bestem Wissen und Gewissen zu entscheiden und unsere Einschätzungen zu einem möglichen kulturellen Erbe auch zu verteidigen.

Allerdings ist ein selbstkritischer Umgang mit dem eigenen Werk sowie ein Eruieren möglicher Einordnungen und Entwicklungen sicherlich hilfreich, und wir sollten uns auch der Tatsache bewusst sein, dass der Begriff des kulturellen Erbes in Bezug auf künstlerische Äußerungen einmal vage werden könnte. Werkkompendien und einzelne Nachlässe könnten möglicherweise in ihrer vermeintlichen Tragweite weitaus schneller an Bedeutung verlieren als wir es heute voraussagen können – eine Tatsache, die die Vorstellung, einen in die Unendlichkeit reichenden Beitrag zur Weltgeschichte geliefert zu haben, in hohem Maße relativiert. So sehr es schmerzen könnte, aber wir sollten uns auch damit anfreunden, dass die heute übliche hochgradige Differenzierung wie der Wunsch nach größtmöglicher Konservierung vielfältigster künstlerischer Aussagen zukünftig auch eine Nivellierung oder eine mögliche Restriktion durch Organisation, Geldmittel und das vorhandene Platzangebot erfahren könnte. Trotz aller möglichen Entwicklungen und sich verändernden Einschätzungen sollten wir uns dennoch so breit und so intensiv wie nur möglich der politischen Forderung nach konservatorischer Betreuung der aktuellen künstlerischen Äußerungen widmen. Allein die Bewahrung unserer künstlerischen Erzeugnisse ist ein gesellschaftsprägendes, Toleranz einforderndes Instrument – und es ist unsere Aufgabe, uns dafür ungeachtet eventuell abweichender und veränderter späterer Bewertungen vehement einzusetzen. Dass dabei die Aufforderung nach einer möglichen einschränkenden Auswahl dennoch im Raume steht, sollten wir selbstkritisch und verantwortungsvoll stets im Sinn haben. Wir sollten uns auch schon heute damit anfreunden, dass nicht alles von uns Erfundene für immer und ewig einem kulturellen Erbe zugeschlagen werden wird, ebenso wie es wohl ein generelles Schicksal jedweder Forschung, Wissenschaft oder von künstlerisch Geschaffenem ist, dass spätere Generationen sich neuen Interpretationen hingeben könnten oder manches eben auch weniger geschätzt werden oder gar verloren gehen kann.

»Kunst und Künstlernachlässe bilden eine Basis für die Toleranzfähigkeit einer Gesellschaft, die – gebeugt durch die anstehende Aufgabe der auf sie zukommenden Nachlässe – sich dennoch der Wertigkeit und der inneren Notwendigkeit einer Kunstproduktion gerade außerhalb merkantiler Interessen dankbar bewusst sein sollte.«

Kunst als gesellschaftliche Notwendigkeit

Über Jahrhunderte hinweg wurde der gesellschaftliche Diskurs in unterschiedlichen Ausdrucksformen der Bildenden Kunst erprobt und geführt. Heutzutage findet er ausreichend Anregung durch eine mannigfaltige Ausformung der Kunst und deren noch weiter zu definierenden Derivate. Künstlerinnen und Künstler erleben aktuell zahllose Möglichkeiten, die weit über die traditionellen Techniken wie Malerei, Zeichnung und Bildhauerei hinausreichen. Durch unterschiedliche Prägung haben sich jahrhundertelang die Vorstellungen von religiösem Hintergrund, vom Guten und Schönen bis hin zu dadaistischen oder anderen modernen Kunstansätzen entwickelt. Die Bandbreite heutiger Kunstströmungen ist so vielfältig, wie die Produzenten zahlreich sind; und sie zeigen in aller Deutlichkeit den Wunsch und die Notwendigkeit nach einer Kunstproduktion, die nicht als Ergänzung zu einem wissenschaftlich-intellektuellen Diskurs, sondern vielmehr als eigenständige Disziplin der menschlichen Auseinandersetzung mit Existenziellem gesehen werden will.

Die kritischen Anmerkungen zu Künstlernachlässen und der unweigerlich anstehende einschränkende, organisatorische Umgang mit ihnen dürfen nicht vergessen machen, dass ein vehementes Engagement für eine freiheitliche und von der Gesellschaft getragene Kunstproduktion – und deren leidenschaftliche Rezeption als gesellschaftlich notwendiges Kommunikationswerkzeug – Grundlage eines Diskurses sein muss, der sich für den langfristigen Erhalt von Kunstwerken einsetzt, aber möglicherweise im Einzelfall auch eine Vernichtung von Werken in Betracht ziehen könnte. Auch wenn der Wunsch nach größtmöglicher Konservierung von Kunstwerken unser Ansporn sein mag, dürfen Überlegungen zu einer Entsorgung von Kunstwerken nicht grundsätzlich tabuisiert werden, wenn wir uns der Nachlassdebatte allumfassend stellen wollen.

Die dringende Notwendigkeit künstlerischer Äußerungen wird nicht nur belegt durch die zahlreichen und ständig steigenden Besucherströme in Galerien und Museen – hier könnte man auch nur touristisches Interesse unterstellen. Sie wird ebenso dokumentiert durch eine stetig steigende Zahl von Wissenschaftlern, Kunstsoziologen, Kunsthistorikern und Kuratoren, die sich mit den philosophischen und soziologischen Erkenntnissen, ästhetischen und ethischen Fragen im

Umgang mit dem Phänomen »Kunst« auseinandersetzen und deren Forschungsergebnisse der Gesellschaft zur Verfügung gestellt werden. Ich möchte an dieser Stelle nicht auf die gesonderte Gewichtung der Unterschiede zwischen Rezeption, Erbauung, Inspiration, Spekulation mit möglichen Gewinnen durch Kunstverkäufe und reinem, unreflektiertem Sammlertrieb eingehen. Doch bezeugen die durch Kunst gewonnenen Erkenntnisse unser aller Wunsch, sich neben intellektuell Formuliertem auch kreativ, nonverbal und manchmal auch in nahezu mystischer Form zu allen Bereichen des menschlichen Daseins artikulieren zu wollen. Mehr noch: Kunst und die Auseinandersetzung mit künstlerischen Äußerungen werden heute zu einem das Leben bestimmenden Instrumentarium; die sich immer weiter von religiösen Vorstellungen lösenden abendländischen Gesellschaften finden offenbar einen adäquaten Ausgleich in der intensiven Begegnung mit und in Kunstwerken. Die steigende Zahl all derjenigen, die in künstlerischen Medien Ausdruck suchen, zeigt unter anderem deutlich den Wunsch, ein Gegenmodell zu einem oft materialistischen Zwängen unterworfenen Leben zu entwickeln, oder den Versuch, den für viele als erdrückend empfundenen gesellschaftlichen Normen zu entfliehen. Kunst vermittelt heute wohl mehr denn je eine Form von freiheitlicher Auseinandersetzung mit unterschiedlichen Denkarten und sie untermauert den Wunsch, sich in einer liberalen Gesellschaftsform ohne jegliche Einschrankungen den eigenen Wertvorstellungen hingeben zu können. Einzelne mögen die Vorstellung haben, man könne mit Kunstwerken das ›große Geld machen‹, manche suchen vielleicht auch nur einen gesunden Ausgleich zu einem langweiligen Alltag, andere entwerfen künstlerische Utopien, die für die Gesellschaft verwertbar sein könnten, oder wollen uns alle mit ihren Kunst-Entwürfen apokalyptisch in den Abgrund stürzen sehen. Was auch immer der Antrieb, die Intention oder der Plan der Künstlerinnen und Künstler sein mag: Der Wunsch, sich künstlerisch zu formulieren und der Gesellschaft die jeweiligen Exzerpte des Schaffens vorzustellen, gewinnt in den modernen Gesellschaftsformen mehr und mehr an Bedeutung. Grundlage für manch exzessives künstlerisches Tun ist zum einen die Phantasie, die Welt ästhetisch zu bereichern oder die Gemeinschaft mit Kunst zu beschenken, zum anderen findet sich als Triebfeder das verstärkt auftretende Modell eines Lebensentwurfs, sich außerhalb vorgegebener Strukturen bewegen zu wollen und dies in einem fast hedonistischen Sinne auch genießen zu dürfen.

Wie auch immer die Ergebnisse aussehen mögen – der vorliegende Diskurs beabsichtigt nicht, die Rezeption von Kunst kritisch zu analysieren und die Produktion auf gedankliche und künstlerische Stringenz hin zu untersuchen, um gegebenenfalls eine Einordnung zu relativieren. Auch soll keinem besonderen Werk die Ernsthaftigkeit abgesprochen werden. Es ist eine uneingeschränkte Tatsache, dass die Bereicherung der Gesellschaft durch mannigfache Belege der Kunst unangefochten im Raum steht, dennoch ist es notwendig, neben der inhaltlichen Gewichtung der Werke eine kritische Betrachtung der Materialmenge im Geiste vorzunehmen, die derzeit im Umlauf ist und die zukünftig wohl noch auf uns zukommen wird. Dies gilt nicht nur für die aktuellen Kunstpräsentationen und die angefüllten Lager, sondern gerade im Hinblick auf mögliche Nachlassregelungen muss die Frage der Quantität eines profunden und tragfähigen Bestandes auch Gegenstand der Betrachtung sein. Es ist an der Gesellschaft, insbesondere an den Kunsthochschulen, einen Diskurs über einen emanzipierten Umgang mit Kunstwerken zu führen und neue Präsentations- wie Rezeptionsmodelle zu entwerfen und vorzustellen.

Bei allen kritischen Anmerkungen zu dem Problem der Nachlässe von Künstlerinnen und Künstlern ist es immer wieder wichtig, auf die gesellschaftlich dringende Notwendigkeit von Kunstproduktionen hinzuweisen. Dieser gesellschaftlich nahezu existenzielle Gedankenteppich ist für die folgenden Ausführungen über Nachlässe stets im Sinn zu behalten. Trotz aller Kritik an möglichen Verfahrensweisen im Umgang mit Kunsterzeugnissen sollen die Begeisterung und die Liebe zur Kunst nicht vergessen werden, auch ist nicht außer Acht zu lassen, dass die Hingabe aller Produzenten in ihr eigenes Schaffen und in den von Eros gefüllten Umgang mit ihrem Werk ein Spiegelbild unser aller Lebensmöglichkeiten darstellt, das wir im kreativen Handeln erfahren dürfen. Allein dieser Hinweis ist Aufforderung zu einem respektvollen Umgang mit künstlerischen Erzeugnissen, auch wenn – wie bereits mehrfach erwähnt – das eine oder andere Mal von einer möglichen Entsorgung gesprochen werden wird.

Weiterhin muss deutlich formuliert werden, dass die oftmals politisch geforderte Verbannung der Kreativität in den Bereich der Kulturindustrie den ureigenen Voraussetzungen eines Kunstwerkes, welches aus sich selbst heraus, im reinen Selbstzweck und zur Verwirklichung der Ideen eines Künstlers oder einer Künstlerin geschaffen worden ist, nicht gerecht wird.

Der dadurch notwendige und dringliche Verweis auf die Freiheit der Kunst wird gerade angesichts der Problematik eines Künstlernachlasses mehr als deutlich. Hier zeigen sich die unterschiedlichen Ausprägungen – psychisch beeindruckte Herangehensweisen oder intellektuell geführte Abhandlungen für die Besetzung von künstlerischen Themen – in ganzer Bandbreite. Das nüchtern-sachliche Kalkül kreativen Einsatzes ist ebenso zu erfahren wie die obsessive, nahezu selbstzerstörerische Produktion von Belegen des künstlerischen Wollens. Gerade an einem Nachlass werden die künstlerischen Eigenheiten und die Notwendigkeiten der Kunstproduktion für den Künstler und die Künstlerin mehr als anschaulich. Das Lebenswerk und die Lebensleistung werden viel deutlicher zu erleben sein als der karge lexikalische Verweis auf ein einzelnes Werk oder eine einstmals gezeigte Ausstellung, und die Gesellschaft ist aufgefordert, die Begegnung mit Künstlern, aber auch mit einem Nachlass als großes Glück zu empfinden, welches unabhängig von merkantilen Interessen gesehen und erlebt werden will. Nicht nur der Verweis auf die Zeitzeugenschaft, sondern die pure Konfrontation mit einem Werk wie die Bereicherung, ein Kunstwerk im Gegenüber erleben zu dürfen, sind richtungsweisend für die Grundregeln eines gesellschaftlichen Miteinanders. Der Respekt vor der Äußerung eines anderen – gleich welcher Provenienz – kann als beispielgebende Grundvoraussetzung für unser Gemeinwohl und als Modell der Toleranz für unsere Gesellschaft gesehen werden. Die Toleranz in der Rezeption von Kunst wird zum Gradmesser für eine im besten Sinne gesunde Gesellschaft, die sich in der Lage sieht, künstlerischen Gedanken Einzelner großzügig zu begegnen – und zwar, ohne sie im Missverständnis zu bekämpfen oder gar deren Vernichtung zu proklamieren, wenn sie andersartig oder fremd erscheinen mögen. Die Vergangenheit hat zu unterschiedlichen Zeiten in unterschiedlichen Gesellschaftsformen die Gegenbeweise von Einschränkungen und Verfolgung Andersdenkender zur Genüge erschreckend deutlich gemacht. Kunst und insbesondere der Gemeinschaft übereignete Künstlernachlässe bilden eine Basis für die Toleranzfähigkeit einer Gesellschaft, die – gebeugt durch die anstehende Aufgabe der auf sie zukommenden Nachlässe – sich dennoch der Wertigkeit und der inneren Notwendigkeit einer Kunstproduktion gerade außerhalb merkantiler Interessen dankbar bewusst sein sollte.

Die Vorstellung einer Kreativwirtschaft, die – ausgerichtet auf Profit und Effizienz – künstlerische Äußerungen für sich zu vereinnahmen sucht, steht einer individuellen Findung im künstlerischen Schaffen diametral entgegen. Politiker, die versuchen, Kunstwerke und in deren Folge Nachlässe ausschließlich auf der merkantilen oder der privatrechtlichen Ebene abzuhandeln, geben sich einem fatalen Irrtum hin, der im schlechtesten Falle eine Kunstgeschichte lediglich kapitalistischer Prägung begründen würde. Gerade die abendländische, europäische Kulturgeschichte hat in beeindruckender Weise gezeigt, welch großen kulturellen Wert Nachlässe und Vermächtnisse von Kunstwerken darstellen können. Möglicherweise merken Kritiker an dieser Stelle an, dass es immer eine Verknüpfung von Macht und merkantilem Interesse gegeben und sich die Kunstgeschichte auch diesen Prinzipien zu unterwerfen hat oder sie von diesen bestimmt worden ist, doch Nachlässe könnten ein Werkzeug sein, sich von derlei kulturgeschichtlich einschränkenden Vorgaben im besten Sinne selbstbewusst zu befreien.

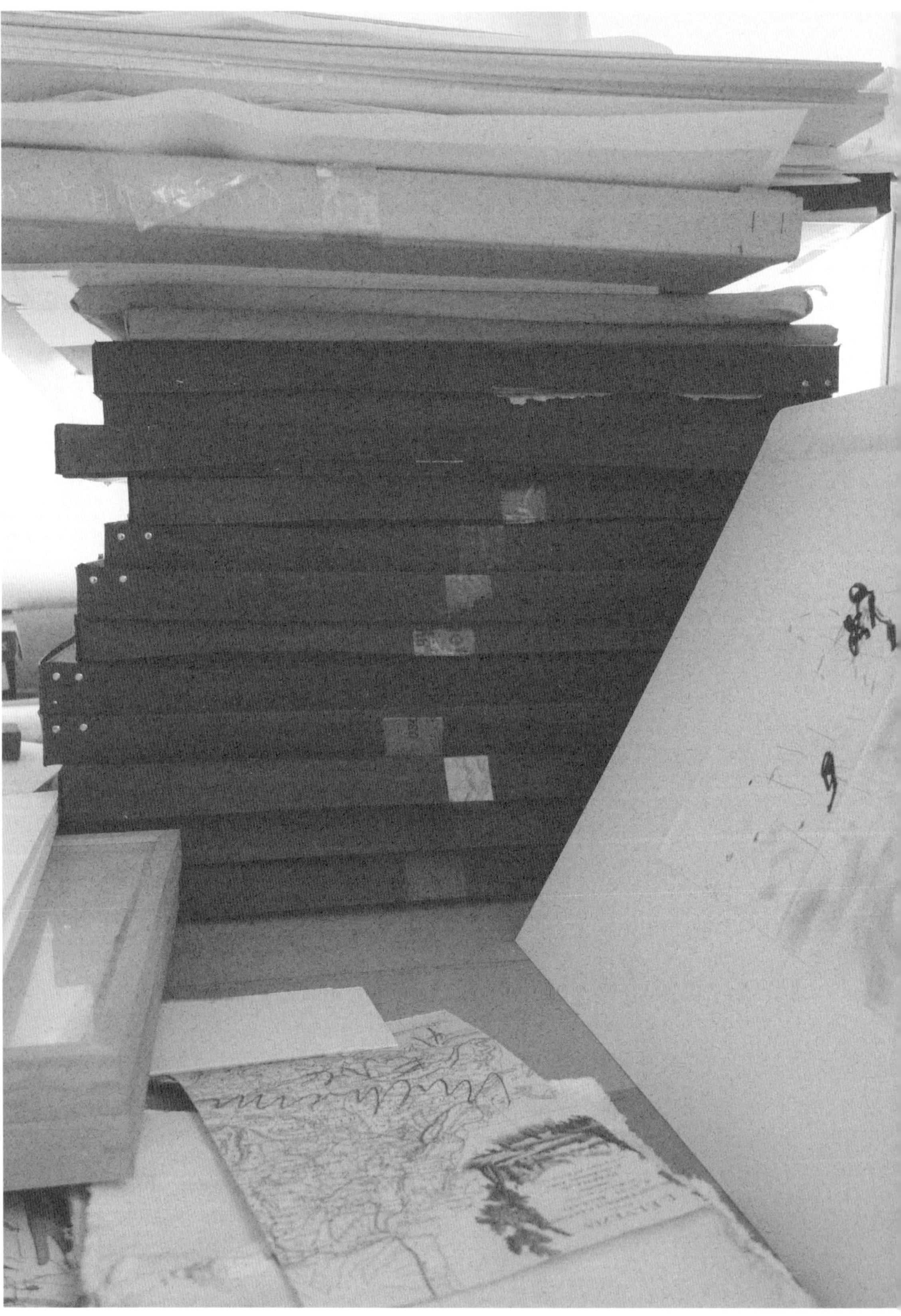

»Eine mangelnde intellektuelle Auseinandersetzung mit dem Phänomen der materialisierten Umsetzung von kreativen Gedanken offenbart sich in der langsam immer stärker werdenden Erkenntnis, dass dies alles aufbewahrt und organisiert werden muss und ein quantitativ unbeherrschbares Warenlager, insbesondere in Form von Nachlässen, auf kommende Generationen hereinzubrechen droht.«

Kunsthochschulen in den Zwängen der Vergangenheit

In den Jahren nach dem Zweiten Weltkrieg ist in der Bundesrepublik Deutschland, und hier besonders im westlichen Teil, eine Akademielandschaft entstanden, die – bedingt durch den Föderalismus – in unterschiedlichen Bundesländern virulente und außerordentlich produktionsintensive Kunsthochschulen betrieben hat. Vorherrschendes Interesse war es, die wiedergewonnene Freiheit nach den nationalsozialistisch geprägten Jahren in der Bildenden Kunst auszuleben und an die heute noch positiv besetzten Kunstideen der Zwanzigerjahre sowie an die Entwicklung der Moderne weiter anzuknüpfen. Wichtig war es, dieses freiheitliche Modell unabhängig von den jeweiligen Strömungen, die in den einzelnen Jahrzehnten aktuell waren, zu fördern und von staatlicher Seite zu stützen. An unterschiedlichen Orten war die Kunst im öffentlichen Raum, zum Beispiel in Galerien und Museen, präsent und damit beschäftigt, der neu gewonnenen Freiheit im Denken und in der Produktion von Kunst Ausdruck zu verleihen. Ein entscheidender Motor für die Verbreitung von Kunst war seit der Nachkriegszeit bis in die 1980er Jahre hinein der Deutsche Künstlerbund, der mit seinen Jahresausstellungen regelmäßig Einblicke in das jeweils aktuelle Schaffen der Künstlerinnen und Künstler angeboten hat. Dieses repräsentative Zeigen haben heute weitgehend Galerien, Messen und staatliche Ausstellungshäuser übernommen.

An den vielen Kunstakademien und Kunsthochschulen in der Bundesrepublik Deutschland studieren heute unzählige Studentinnen und Studenten, die nach erfolgreich abgeschlossenem Studium mit unterschiedlichen Stipendien unterstützt werden können. Dank längerer öffentlicher wie privater Förderung ist ein sorgloses Explorieren der eigenen künstlerischen Ideen möglich, doch von den zahlreichen jungen Menschen, die sich jedes Semester an den staatlichen Akademien bewerben, um dem Traum des Künstlerseins ein Stück näher zu kommen, sind es vergleichbar wenige Studierende, die tatsächlich Aufnahme finden. An der damaligen HdK Berlin bewarben sich Anfang der 1980er Jahre pro Semester durchschnittlich 500 bis 600 Männer und Frauen, von denen 45 zu einer einwöchigen Aufnahmeprüfung eingeladen wurden; davon wurde etwa die Hälfte der

Geprüften zum Studium zugelassen. Statistisch gesehen ist die Zahl der Studierenden wie derer, die bei der Künstlersozialkasse KSK als Bildende Künstlerinnen und Künstler versichert sind, über die Jahre stetig gestiegen, und es ist zusätzlich festzustellen, dass sich die Arbeitsweisen von Künstlerinnen und Künstlern heutzutage allein schon durch den Einsatz der zur Verfügung stehenden Materialien und der damit umgesetzten Arbeitsergebnisse drastisch geändert haben. Waren Zeichenstift, Leinwand und Farben für Maler und Ton oder Stein für Bildhauer gängige Materialien, sind dem Einsatz unterschiedlicher Werkstoffe heute keinerlei Grenzen mehr gesetzt, was den Platzbedarf für die Lagerung zusätzlich enorm steigert.
Schon in vielen Dekaden des letzten Jahrhunderts ging man davon aus, dass lediglich drei bis fünf Prozent der Absolventen eines Jahrgangs ihren Lebensunterhalt mit dem Verkauf von Kunst erzielen werden. Allerdings wurden auch diejenigen mit eingerechnet, die später durch einen Lehrberuf an Akademien und vergleichbaren Instituten ihren Lebensunterhalt verdienen würden.
Dennoch betreibt ein Großteil der Hochschulabgänger weiterhin künstlerische Aktivitäten, die durch private Mittel, Einnahmen aus fachfremden Berufen oder durch jeweilige Lebenspartner finanziert werden. Nach dem Studium finden unzählige Absolventen ihren Weg in die Öffentlichkeit. Sie melden ihre Ansprüche auf eine Beteiligung am Kunstmarkt an und bewerben sich nebenbei für unterschiedliche Fördermaßnahmen, Ausschreibungen und Preise. Allein die Stiftung Kunstfonds bewertet Jahr für Jahr über 1.000 Bewerberinnen und Bewerber in unterschiedlichen Förderparten und schüt-

tet jährlich über eine Million Euro an Fördermitteln für Stipendien aus. Unzählige Kunstpreise werden landauf, landab vergeben und zahlreiche Städte, Kommunen oder Landkreise bieten Nachwuchs-, Künstler- oder Atelierförderung an. Dieses Klima schürt bei allem Wissen um die vielen, die keine Hilfe durch staatliche oder private Institutionen erfahren konnten, dennoch den Eindruck der ›Machbarkeit‹ und der möglichen Verwirklichung des Traums von einem Künstlerleben. Unabhängig von dem psychischen Druck, die Künstlerschaft und die selbst gestellten Aufgaben zu meistern, hat sich in den letzten Jahrzehnten eine ›Goldgräber-Stimmung‹ entwickelt, die – geschürt durch die Großverdiener der Branche – den Traum einer Künstlerkarriere gleich einem Popstar mehr und mehr in greifbare Nähe rückt, sodass die Frage der Qualität der Auseinandersetzung um Kunstinhalte droht, mehr und mehr in den Hintergrund zu rücken. Stattdessen richtet sich das Hauptaugenmerk vieler verstärkt auf das bloße Produzieren und auf möglichst baldiges Veräußern. Dass dies trotz steigender Umsätze auf dem Kunstmarkt immer seltener gelingt, hat in der letzten Zeit eine intensive Diskussion über die tatsächlichen Lebensbedingungen von Künstlerinnen und Künstlern herbeigeführt. Hierin spiegelt sich deutlich die Kritik an den herrschenden Kunstmarkt-Bedingungen, welche die mehr als schlechten Lebensumstände sowie Verdienstmöglichkeiten von Kolleginnen und Kollegen weitaus heftiger diskutiert als noch vor wenigen Jahren. Doch ungeachtet dessen ist eine Großzahl von Künstlerinnen und Künstlern unterwegs, mit Ernsthaftigkeit und Seriosität den eigenen Ansprüchen und denen eines möglichen Marktes gerecht zu werden, ohne dabei die eigenen Standpunkte künstlerischen Schaffens nur um des Geldes willen zu verlassen. Diese Ernsthaftigkeit zeigt sich oftmals auch in vielen Non-Profit-Organisationen und Artist-Run Spaces, bei denen es im Wesentlichen um einen der Kunst förderlichen Diskurs geht.

Neben den öffentlichen Anstalten und Instituten haben sich in der Bundesrepublik Deutschland unzählige Vorbereitungskurse für Akademien und private Kunstschulen etabliert. Dort wird der häufige Wunsch nach einem Künstlerleben im Wesentlichen zum kommerziellen Vorteil genutzt, denn hier kommen vor allem die zahlreichen Bewerber zum Zuge, die an den öffentlichen Einrichtungen abgelehnt worden sind. Viele Hochschulabgänger finden neben ihrer eigenen künstlerischen Arbeit an diesen Schulen als Unterrichtende eine Möglichkeit zum Broterwerb – und sichern damit auch die Finanzierung ihres Wunsches nach mehr Material für die eigene Produktion.

So wichtig diese kaum überschaubaren Heerscharen von Künstlerinnen und Künstlern für ein kreatives Klima in unserer Gesellschaft auch sein mögen, so vorteilhaft sich die gesamte Unterstützung von kreativem Potenzial auch immer darstellt, so wenig wurde und wird eine kritische Äußerung zu den stets anwachsenden Materialansammlungen in den Ateliers geführt. Der Drang nach Selbstverwirklichung der eigenen Individualität lässt die Fragen nach dem Umgang mit all den geschaffenen Werken während eines Künstlerlebens und sinnigerweise nach dem Tode fürs Erste vollkommen nebensächlich erscheinen. Zwar kommt der Staat in seinen Instituten dem Wunsch nach eigener Berufswahl und intensiver Forschung auf dem gewählten Berufsfeld nach, doch wird zu Beginn einer Künstlerlaufbahn viel zu wenig die Frage der Verwirklichung in Material und Menge thematisiert. Die Wertigkeit der Kunstgegenstände wie deren vermeintliche Lebensdauer werden kaum den kritischen Fragen unterworfen und die Vorstellung, dies Geschaffene soll bis in ›alle Ewigkeit‹ bewahrt werden, bestimmt eher die Wünsche als die Annahme, man könne die künstlerischen Arbeiten auch wie eine temporäre Äußerung behandeln. Man ist nicht geneigt, allein die kreative Umsetzung und das Erlebnis dieses Prozesses zu würdigen, allzu schnell wird der zeitlose Warencharakter und damit die Verdienstmöglichkeit in den Vordergrund des Interesses gestellt.

So wichtig es für einen Studienanfänger auch sein mag, Materialproben zu sammeln und im Vergleich derselben Schlüsse für das weitere Vorgehen zu prüfen, so unwichtig scheint an den Instituten die gedankliche und philosophische Auseinandersetzung mit der Frage zu sein, wie notwendig eine Materialisierung der Gedanken und deren Umsetzung in künstlerische Ausdrucksformen ist. Der eigene Lagerbestand, der die Künstlerinnen und Künstler bereit für die Vermarktung sein lässt, scheint alleiniges und wichtigstes Werkzeug für das künstlerische wie berufliche Fortkommen zu sein. In den Grundlagensemestern der Akademien alter Prägung wurden beispielsweise Studien angeregt, um mit unterschiedlichen Lichtsituationen am gleichen Objekt vielfältige Variationen zu erforschen und Erfahrungen zu sammeln. Es sollte die Beobachtungsgabe gefördert und sensibilisiert werden. Fingerübungen dieser Art waren und sind zugleich

Ausgangspunkt für weitere Arbeiten. Nicht wenige Studenten haben auf diese Weise den Grundstock für ihr späteres Werk in Inhalt und Umfang gelegt. In seltenen Fällen wurde an den von mir erlebten Grundkursen auch die Frage diskutiert, wie mit den Blättern und Werken zu verfahren sei, unausgesprochenes Ziel schien dabei zu sein, diese Materialsammlungen unreflektiert in einen zu gründenden Fundus des eigenen Schaffens aufzunehmen, die Arbeiten ein ganzes Leben lang bei sich zu behalten und mit ihnen von einem Atelier in das nächste zu ziehen. Viele ehemalige Kunststudenten gründeten Ateliergemeinschaften, Atelierhäuser, private Werkstätten und Lagermöglichkeiten, und die so arrangierte Beherbergung aller Kunstwerke wurde zur Grundlage eines Lebensmodells, das bestimmt war durch die Bedingungen des Arbeitsplatzes und der Aufbewahrung von Material und fertigen Werken.

Je mehr sich die Lehrenden und auch die Studierenden schon zu Studienzeiten an die Vorstellung der Vermarktung gewöhnten und sich um eine spätere Zusammenarbeit mit Galeristen und Ausstellungsinstitutionen bemühten, desto weniger wurde die Frage gestellt, was von all den Arbeiten als grundsätzlich bewahrenswert eingeschätzt, was überdauern und konserviert werden sollte. Der Kunstmarkt-Boom, der Anfang der 1980er Jahre einsetzte, bewog unendlich viele junge Menschen, die dem Beruf des Künstlers nachgingen, alle nur erdenklichen Arbeiten aufzubewahren – in der Hoffnung, man könnte an der Schwemme von Waren und deren Verkauf teilhaben und finanziell davon profitieren. Künstlergruppen wie die ›Mülheimer Freiheit‹ und die ›Neuen Wilden‹ in Berlin lösten einen Arbeitsrausch aus, der viele Künstlerinnen und Künstler dazu bewog, sich ungeachtet der Materialanhäufung verschiedensten Ausdrucksformen hinzugeben, um die entstandenen Arbeiten dann gemeinsam mit der wachsenden Zahl von Galeristen gewinnbringend zu veräußern.

Operierten in den 1960er Jahren wenige Galerien noch mit Provisionsanteilen von 10 bis 30 Prozent des Verkaufswertes und einem hohen Anteil an zusätzlichen Leistungen wie Rahmen, Katalogen, Fotos und vielem mehr, sind heutzutage viel mehr Galeristen am Markt beteiligt. Entsprechend können sie den Künstlerinnen und Künstlern nur mehr 50 Prozent und weniger des Verkaufserlöses anbieten; dies bei sinkender Beteiligung an Kosten wie Transporten und Präsentation. Ein Großteil der materiellen Leistungen wird den Künstlerinnen und Künstlern zugewiesen, was die Vorhaltung von reinen Präsentationsmaterialien noch weiter erhöht und die Lager in den Ateliers umso mehr füllt.

Aus heutiger Sicht ist es das Ziel von Künstlerinnen und Künstlern, ausstellungsfertige Kollektionen für mögliche Veranstaltungen bereitzuhalten und den Anreiz für Galeristen und Aussteller auf diese Weise deutlich zu erhöhen. Damit verlagern sich die Anforderungen, die Kosten und die Lagerbedingungen immer mehr zulasten der Produzenten, was im Falle eines Nachlasses die Hinterbliebenen erkennbar zu spüren bekommen. Waren es in der Vergangenheit oftmals wenige gerahmte Werke und unzählige gefüllte Mappen, welche Nachlassnehmer sortieren mussten, sind heute in einem Atelier ganze Kollektionen präsentationsfertiger Ausstellungen aufbewahrt und warten darauf, von Erben versorgt zu werden.

Nicht zuletzt die Verkaufszahlen der Unternehmen, die Künstler- und Präsentationsbedarf vorhalten, zeigen, welch unvorstellbarer Aufschwung sich in dieser Branche ereignet hat. Die Zahlen lassen aber gleichzeitig auch Rückschlüsse darauf zu, welche Materialberge in den Ateliers mittlerweile gelagert werden. Ein Unternehmen wie Boesner, das in den 1980er Jahren als kleines Geschäft gegründet wurde, zählt heute allein in Deutschland 30 Filialen mit ungefähr 700 Mitarbeitern. In riesigen Lagerhallen werden Künstlermaterialien aller Art den Kreativen unserer Gesellschaft angeboten. Das mittlerweile europaweit agierende Unternehmen ist einer der Marktführer der Branche, doch gibt es daneben in der ganzen Republik zahlreiche kleine und große Händler gleicher Prägung. Dazu kommen die Papiermühlen, die Leinenwebereien und die Farbenhersteller, die bei ständig wachsender Produktion mit steigenden Verkaufszahlen rechnen können. So gibt es in Berlin beispielsweise mehrere Tischlereien, die sich auf die Fertigung von Keilrahmen spezialisiert haben. Sie halten tonnenweise Holz und Rahmen in unterschiedlicher Qualität und Ausführung bereit. Wir finden Manufakturen, die zum Teil maschinell Keilrahmen bespannen und im Minutentakt fertig bespannte Leinwände in ihren Lagern stapeln. Das einst kleine Unternehmen Kremer Pigmente, welches von einem Ingenieur gegründet wurde und in den 1970er Jahren überschaubare Mengen von Farbpigmenten und verwandte Materialien zur Restaurierung von Bildern und Gemälden im Keller eines Einfamilienhauses vorhielt, ist heute eine der bedeutendsten Farbmühlen Europas. Weltweit werden die Produkte – Farben, Pigmente, Restaurierungsbedarfsarti-

kel und Chemikalien – insbesondere für Künstlerinnen und Künstler angeboten und vertrieben.
Zugegebenermaßen werden all diese Produkte nicht nur von Künstlerinnen, Künstlern und Studierenden der Kunsthochschulen verwendet. Ein Teil der Waren kommt sicherlich auch in privaten Haushalten zum Einsatz. Doch dokumentiert die Menge der produzierten Güter eine nahezu exponentiell ansteigende Flut an Künstlerbedarfsmaterialien und deren exzessiven Gebrauch, was in der Folge eine nicht mehr zu organisierende Menge an Werken der Bildenden Kunst mit sich gebracht hat und weiterhin mit sich bringt. Berücksichtigen wir darüber hinaus all die Materialansammlungen, die nicht durch klassische Künstlermaterialien wie Ölfarben und Leinwände oder Ähnliches geschaffen worden sind, sondern die sich aus Fundstücken – aus individuell angefertigten oder aus industrieller Produktion stammenden Objekten und Einzelteilen – zusammensetzen, so begegnen uns bereits im Geiste Gesamtmengen an weltweiter Kunstproduktion, die nicht mehr quantifizierbar sind. Bei aller Freude über so viel kreativen Umsatz scheint das Problem mit dem Umgang der nicht verkauften, dem Kunsthandel und der Öffentlichkeit nicht erfolgreich zugeführten Materialanhäufung völlig außer Acht gelassen worden zu sein. Wie ein sinnvoller Umgang mit den Ressourcen aussehen könnte, scheint in der Kunst über alle Grenzen hinweg in keiner Weise – und wenn, dann nur in zaghaft geringem Ausmaße – diskutiert zu werden. Entsprechend stellt sich angesichts der vorliegenden Nachlassproblematik nur mehr eine ohnmächtige Frage: Wohin sollen all diese Materialberge nach dem Tode eines Künstlers oder

einer Künstlerin verbracht werden? Es heißt, Kunst setze sich auch mit gesellschaftlichen Utopien auseinander. Doch dem Problem einer ökonomischen Bewältigung der Materialflut – die ökologisch gesehen nicht im Ansatz reflektiert wird – scheint man sich kaum zu stellen. Bei allem Verständnis für die Reise, auf die sich Künstlerinnen und Künstler heutzutage begeben, wenn sie sich an Akademien einschreiben und das Wagnis eines Kunststudiums eingehen: Der fehlende Diskurs über neue Formen von Kunstproduktion und Rezeption wie der offensichtlich ungebrochene Wille zur Aufbewahrung aller Kunsterzeugnisse – und damit der Warenvorhaltung – erscheinen als Manko, welches durch die ›Goldgräber-Mentalität‹ aller Beteiligten – Lehrer wie Schüler gleichermaßen – weiterhin unterstützt und manifestiert wird. Hochschulen und Akademien, die sich nach altem Muster der unreflektierten Ansammlung von Kunstwerken hingeben, um einen Markt zu bedienen, der gleich einer Unterhaltungsindustrie operiert, verspielen ihren Anspruch auf ›think tanks‹ einer modernen Gesellschaft, deren eigentliche Aufgabe es ist, Utopien zu entwickeln und damit auch neuen Modellen von existenzieller Absicherung der Künstlerinnen und Künstler den Weg zu bereiten. Die an den Hochschulen immer noch kursierende, nahezu romantische Idee, einen Kunstschatz zu schaffen und den Schöpfern zu Ruhm und Reichtum zu verhelfen, sieht sich mit der immer stärker werdenden Erkenntnis konfrontiert, dass diese Kunstproduktionen alle aufbewahrt und organisiert werden wollen und ein quantitativ unbeherrschbares Warenlager, insbesondere in Form von Kunstnachlässen, auf kommende Generationen hereinzubrechen droht.

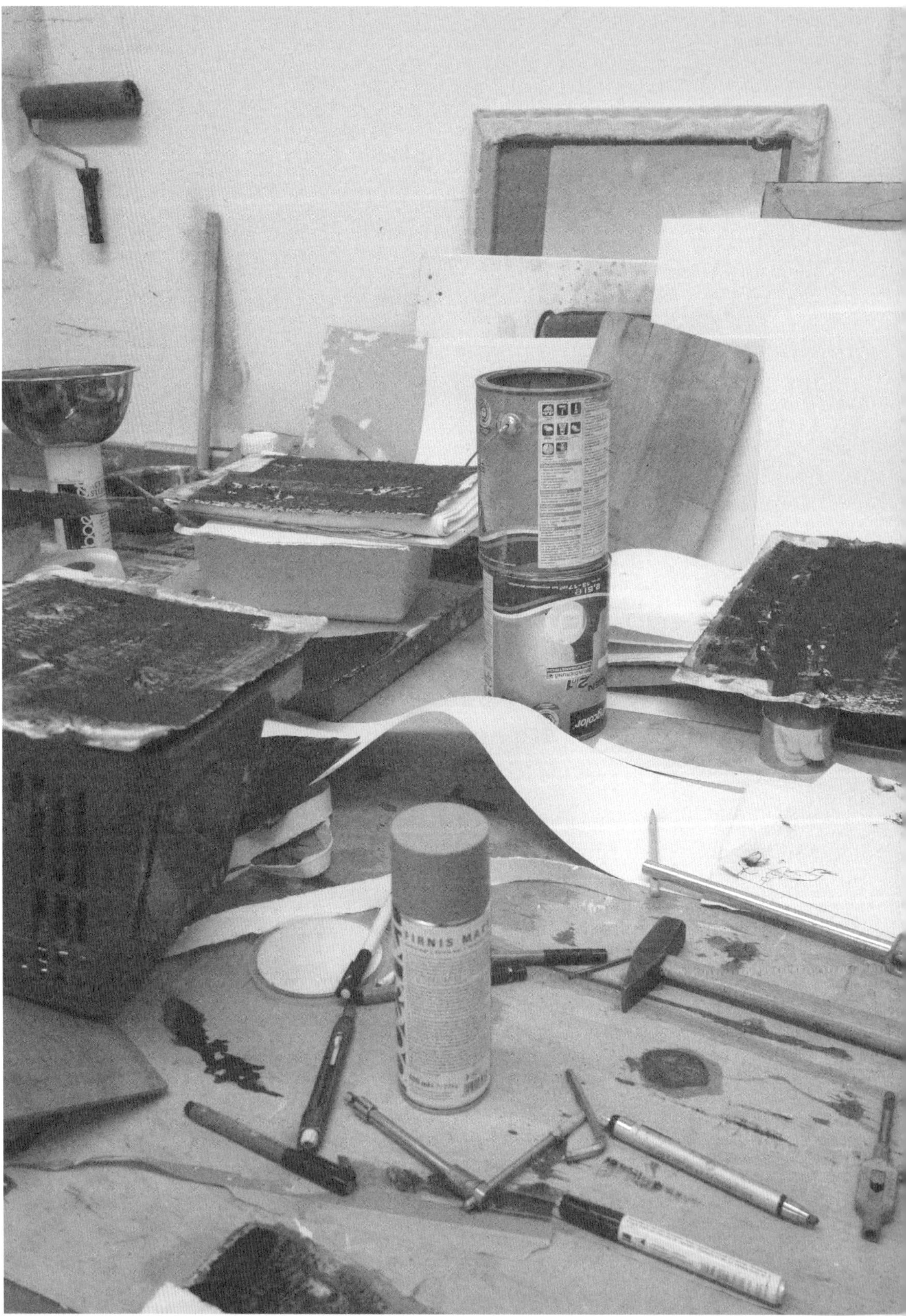
FIRNIS MAT

»So interessant ein künstlerisch babylonisches Sprachengewirr für den schnellen Rezipienten auch sein mag, weil er keine Verurteilung seiner Entscheidungen zu befürchten hat, so wenig wertstabil könnten die von kommenden Generationen zu beurteilenden Nachlässe sein.«

Me, myself and I

Der aus der Rasta-Bewegung kommende Ausspruch »Me, myself and I« findet mit der falschen Auslegung, die Welt möge sich ausschließlich um einen selbst drehen, in Hinblick auf Künstlernachlässe einen dringend zu hinterfragenden Höhepunkt. Die langsam verblassende Vorstellung, Kunst möge einen Diskurs antreiben, um aufgeklärtermaßen die Gesellschaft und ihre komplexen psychosozialen wie kulturellen Zusammenhänge besser einordnen zu können, verliert sich in einer bislang noch nie dagewesenen, sich in jede Richtung abgrenzenden Individualitätsvorstellung quer durch alle Schichten unserer Gesellschaft. So wichtig die künstlerischen, zutiefst individuellen Aussagen auch sein mögen, so beeindruckend, vielleicht gar beängstigend erscheint die immer stärker werdende Vereinzelung der Künstlerinnen und Künstler, die sich in diesem Metier wiederfinden. Die Kunstproduktion hat in den letzten Jahrzehnten des 20. Jahrhunderts nachvollziehbarerweise eine Form angenommen, die mit historischen Vorstellungen mittelalterlicher Werkstätten in Europa nicht mehr vergleichbar ist. Die handwerklich orientierten Produktionsstätten waren hierarchisch strukturiert und nahezu anonym organisiert. Das Verständnis der Handwerkszunft, die einer Auftragskultur nachging, war zumeist darauf ausgerichtet, im Auftrag der Kirche das Werk Gottes zu preisen oder höhergestellten weltlichen Herren ihre Dienste anzubieten. In der Unterordnung persönlicher Interessen war zumeist Demut geboten. Erst mit der Aufklärung entwickelte sich ein Selbstbewusstsein, welches in den Werkstätten dazu führte, dass sich die Meister selbst in Szene setzten und aus freien Stücken eigene Arbeiten anfertigten. Selbstporträts der Künstler waren Ausdruck eines neu gefundenen Selbstverständnisses, das sich unter anderem auch im Signieren der gefertigten Arbeit widerspiegelte. Im Laufe der folgenden Jahrhunderte kam der sich immer mehr emanzipierende Individualismus, der mit der Loslösung der Kunstproduktion von religiös geprägtem Gedankengut einherging, in einem Künstlerbild zum Ausdruck, das nahezu ausschließlich selbstreferenziell seinen Vorstellungen und Phantasien nachgehen wollte. Dieses Selbstbewusstsein, das aktuell seinen bisherigen Höhepunkt erreicht hat, wird durch gesellschaftliche Vorstellungen von Demokratie und offenen Staatsformen gestützt, in der sich ›die Politik‹ als Hüter eines Individualismus versteht und glaubt, Raum für jedwede Art von Selbstverwirklichung bereitstellen zu können.

Diese gesellschaftlichen Vorstellungen zu persönlichen Freiheitsansprüchen sehen sich mittlerweile weltweiten Diskussionen ausgesetzt und selbst die Kunstproduktion in politisch enger agierenden Ländern geht mit dem Wunsch nach einer Liberalisierung der Staatsformen einher. Das gefundene Terrain der Kunstfreiheit möchte in zahlreichen Ländern dieser Erde praktiziert werden. Angesichts neuer Enthüllungen ob der extensiven Beobachtung von Bürgerinnen und Bürgern, die sich in dem sicheren Glauben wiegen, ihre Individualität sei gewahrt, bleibt die persönliche, oftmals exhibitionistische Kunstproduktion scheinbar unangefochten und ist bereit, intimste Vorstellungen um des Postulats der Individualität willen preiszugeben. Der damit verbundene Versuch, sich selbst zu zeigen und zu verwirklichen, ist treibende Kraft für unzählige Menschen und formuliert eine neue Form eines vermeintlich freiheitlichen Denkens und die Möglichkeit, sich uneingeschränkt äußern zu können. Auch die bereits erwähnten steigenden Besucherzahlen in Museen und Galerien sind Ausdruck dieser Freiheit, deren Genuss nicht nur im Betrachten der Kunstwerke liegt, sondern auch im möglichen Erwerb derselben. So wird die Empathie für die Kunst Basis für einen regen, weltumspannenden Handel, der pekuniäre Gewinne ungeahnten Ausmaßes mit sich bringen kann; zudem ist er der Grund vieler Begeisterter, die Kunst als Mittelpunkt ihres Lebens anzusehen und die Berufswahl darauf auszurichten, sei es in der Produktion selbst oder in der Kunstvermittlung, der Kunstverwertung oder im Handel. Die Welt der Kunst als Ausdruck für die uneingeschränkte Entfaltung persönlicher Vorstellungen ist Grundlage für mannigfaltige Lebensmodelle.

Unzählige Jugendliche finden sich in den staatlichen wie privaten Akademien und Instituten ein, um ihren Traum vom selbstbestimmten kreativen Tun zu verwirklichen. Ungeachtet der tatsächlichen Schwierigkeiten innerhalb des Berufs und den doch minimalen Erfolgschancen werden künstlerische Ideen verfolgt und riesige Materialberge angehäuft, die zu Lebzeiten finanziert und organisiert, aber eben auch nach dem Tode des Künstlers oder der Künstlerin eingeordnet, bewertet und verwaltet werden wollen. In den letzten Jahren sehen sich immer mehr Künstlerinnen und Künstler, Erben, Galeristen, Museumsvertreter und staatliche Stellen mit dem Phänomen eines stetig größer werdenden ›Kunstberges‹ konfrontiert. Deshalb ist man vielerorts bemüht, mithilfe verschiedener Denkansätze Modelle zu entwickeln, die den neuen Anforderungen gerecht werden. Allerdings scheint es dringend notwendig, diesen noch jungen Überlegungen zur Problematik von Künstlernachlässen intensiver nachzugehen und einem gesellschaftlichen Diskurs zuzuführen – einem Diskurs, der das Selbstverständnis vieler, der Staat möge sich um sein Kulturerbe kümmern, ebenso als falsch erscheinen lässt wie die Aufforderung der Regierenden, die private Hand möge sich selbst aller Künstlernachlässe annehmen. Wie so oft scheint auch hier ein sinniges und ausgewogenes Maß vonnöten, um die Herausforderung zu bewältigen. Zudem scheint es angesichts der Materialfülle mehr als dringlich zu sein, die Selbstwahrnehmung und daraus resultierende Arbeitsweisen von Künstlerinnen und Künstlern weiter zu hinterfragen und dieses Thema innerhalb der unterschiedlichen Berufsorganisationen, Institute und Interessengemeinschaften intensiv zu erörtern. Damit verbunden wird eine kritische Beobachtung aller Beteiligten – Verwerter, Galeristen, Kuratoren und Museen – unumgänglich sein, und die Auseinandersetzung mit dem Begriff der Ware, welche disponibel und veräußerbar zu sein hat, muss erneut intensiv untersucht werden. Die im angloamerikanischen Wirtschaftsraum angesiedelte Vorstellung, alles sei käuflich und entsprechend habe sich eine Verwertung darauf einzurichten, wirft gerade im Hinblick auf Nachlässe die Fragestellung auf, ob der Begriff des individuellen Zeugnisses, welches wir bewahren wollen, auch außerhalb merkantiler Interessen zukünftig weiterhin wertfrei gepflegt werden kann.

Die postmoderne, sich stets selbst antreibende Kunstproduktion als Hüterin eines sich rigoros abgrenzenden Individualismus verinnerlicht und bestärkt offensichtlich die allgegenwärtige fortschreitende Isolation des Einzelnen, indem sie den Künstler oder die Künstlerin zum zwingenden Markenzeichen erklärt. Sie nimmt sich bislang die Möglichkeiten eines Diskurses, der die immer stärker werdende Sprachlosigkeit über die Inhalte thematisieren könnte.

So sehr die vermeintliche Wortlosigkeit selbst innerhalb eines Kunstwerkes als Verweis auf eine andere denn die intellektuelle Dimension seine unumstößliche Berechtigung hat, so sehr ist ein fehlender Diskurs über derlei Phänomene einem gesellschaftlichen Miteinander wie einem Verständnis gegenüber künstlerischen Äußerungen nicht zielführend. In gleichem Maße wie eine Abgrenzung der Werke von Verwertern und Rezipienten immer stärker gefordert ist, wird der eigene Kriterienkatalog an dem Werk des jeweils anderen kaum noch greifen. Infolgedessen erleben wir eine ebenso große Zahl an nahezu wahllosen Beurteilungskriterien wie die Zahl der Kunstwerke, die zur Beurteilung anstehen. Ohne Zweifel ist eine durch Individualismus geprägte Diversität für ein gesellschaftliches Miteinander wünschenswert, doch die geforderte Abgrenzung verliert sich möglicherweise in der Unendlichkeit eines nicht mehr vorhandenen Wertekanons, der vielen noch vor wenigen Jahren Argumentationshilfen im Umgang mit Kunst an die Hand gegeben hat. Diese Sprachlosigkeit wird gerade im Umgang mit Nachlässen, deren Zeitgeist ein vergangener ist, umso prekärer, weil das Verständnis und damit das Interesse zunehmend zu verblassen drohen und möglicherweise Ratlosigkeit und Desinteresse gegenüber Nachlässen immer stärker werden könnten.

Es ist die Aufgabe der Kunst, Zeitzeugenschaft nicht durch Abgrenzung, sondern im Diskurs um ihres Bestandes willen vehement zu verteidigen. Öffentliche werbewirksame Postulate wie »Unterm Strich zähl ich« oder »Alles meins« sind kritisch zu hinterfragen. Und es ist Aufgabe der Künstlerinnen und Künstler, Utopien zu einem den Gemeinschaftssinn störenden Individualismus zu suchen sowie eine Antwort zu geben auf ein lebendiges und verantwortungsvolles Miteinander, das die Persönlichkeitsrechte schützt und den Gemeinsinn gleichermaßen fördert. In Bezug auf Künstlernachlässe ist dieser Gemeinsinn dringend vonnöten, da nur ein gemeinsames gesellschaftlich formuliertes Interesse die Grundlage für ein Sammeln und Bewahren künstlerischer Zeitzeugenschaft darstellt.

So interessant ein künstlerisch babylonisches Sprachengewirr für den schnellen Rezipienten auch sein mag, weil er keine Verurteilung seiner Entscheidungen zu befürchten hat, so wenig wertstabil könnten die von kommenden Generationen zu beurteilenden Nachlässe sein. Die wachsende Unfähigkeit einer Gemeinschaft, Kunsterzeugnisse zu bewerten, könnte ein Interesse an Nachlässen obsolet werden lassen, ebenso wie ein überbordender, sich nach allen Seiten aggressiv abgrenzender Individualismus keine Basis darstellt für ein tolerantes und verständnisvolles Miteinander.

»Nachlässe zu organisieren, das bedeutet, sich dem Thema des eigenen Ablebens in jedem Lebensabschnitt zu stellen, dies in einem ausgewogenen Maße zu diskutieren und gemeinsam mit dem sozialen Umfeld zu allen Zeiten des Lebens immer wieder neu zu eruieren.«

Die Verdrängung des eigenen Todes

Das Herstellen von Kunst ist neben der immer größer werdenden Verführung, Ruhm und damit Wohlstand zu erlangen, ohne Frage auch unbewusst mit der Verlockung verbunden, sich ein wenig unsterblich zu machen, oder zumindest genährt von der Vorstellung, sich über den eigenen Tod hinwegsetzen zu können. Das Sichvergewissern des eigenen Seins in Materie und damit das Herstellen von Kunst-Dingen birgt die Verführung in sich, über die Grenzen der eigenen Existenz hinaus Belege zu Fragen des menschlichen Daseins über die Zeit hinweg bestehen zu lassen. Dass sich dadurch das eigene Ableben relativieren möge und sich ein vermeintlich unsterblicher Fortbestand des eigenen künstlerischen Wesens manifestieren könnte, ist für viele Künstlergenerationen über Jahrhunderte hinweg Antrieb und Ansporn zugleich gewesen. Geschürt wird dieses Tun von der über uns allen schwebenden Ungewissheit des eigenen Todes und der daraus resultierenden Urangst im Umgang mit diesem nicht fassbaren Phänomen. Die Beschäftigung mit Kunst findet ihren Ursprung in einer wie auch immer gearteten Auseinandersetzung mit dem eigenen Tod. Die Werke der Kunst sind Ausdruck dieser Beschäftigung und zugleich der Bewältigungsversuch, sich diesem Thema auf unterschiedliche Art und Weise zu nähern oder sich – einer Beschwörung gleich – von den latent existierenden Ängsten zu befreien. Dies spiegelt sich in direkten Interpretationsversuchen zum Thema ›Tod‹ ebenso wie in ausdrücklich unreflektierten Todesverneinungen wider. Die Verdrängung der eigenen Sterblichkeit hat sicherlich denselben Ursprung; die Behauptung, man lebe auch in der Kunst »nur für einen Augenblick«, beinhaltet in letzter Konsequenz die Befürchtung, dass dieser Moment einmal zu Ende gehen könnte. Das Memento mori vergangener Epochen übt noch heute die gleiche Faszination aus und ist der Versuch, die Sterblichkeit zu bewältigen. Die unterschiedlichen Weltreligionen – und hier im Besonderen die des christlichen Abendlandes – verweisen auf diverse Modelle eines Lebens nach dem Tode in einem wie auch immer gearteten Aggregatzustand. Doch allen Vorstellungen scheint die Beschwichtigung der eben genannten Urängste gemein zu sein. Alle tragen die Hoffnung in sich, dass die Menschen durch den Glauben in die Lage versetzt werden, mit dem eigenen Ableben besser umgehen zu können. Dennoch sind gerade in heutiger Zeit die Verdrängung des eigenen

Todes und das Ignorieren der eigenen Endlichkeit weitverbreitete Phänomene. Mangels religiöser Phantasien oder die Gemeinschaft konstituierender Vorstellungen scheint die gesellschaftliche Bewältigung der Todesfrage kaum noch gegeben zu sein.

Waren die christlichen Denkmodelle noch daran orientiert, den Angehörigen der Kirchen ein mögliches Maß an Trost und den Glauben an ein Erlösungsmodell zu vermitteln, wird dieser existenzielle Diskurs über die Endlichkeit in der modernen Gesellschaft offenbar weitgehend verdrängt und zum Beispiel durch einen in allen Bereichen des Miteinanders spürbaren Jugendwahn kompensiert. Die Diskrepanz zwischen der Anhäufung von Kunst und dem unbezwingbaren Willen, diese Werke als Kulturgut zu verhandeln und sich temporären Modellen moderner Kunstproduktion wegen ihrer mangelnden Gewinnsucht zu verweigern – diese Diskrepanz zeigt mehr als deutlich das Verhaftetsein in alten Denkmodellen des Zeugnis-ablegen-Wollens, aber auch die Unfähigkeit, Selbstgeschaffenes als zeitlich begrenzten Beleg für die eigene Existenz akzeptieren zu können.

So sehr sich breite Bevölkerungsschichten der Diskussion um die Todesproblematik entziehen, so intensiv wird gerade in der Kunst durch fortwährende Aktualisierung von Moden und Eindrücken eine schier unbändige Lebendigkeit vermittelt. Diese – gepaart mit dem Willen, Belege für die eigene Unsterblichkeit zu liefern – schafft eine Grundvoraussetzung, die für die Organisation und Wegbereitung von Nachlässen kaum förderlich ist. Das Besprechen von Nachlässen scheint deshalb einer Altersschicht eigen zu sein, die oftmals ohnehin nicht mehr am Trubel des Kunstmarkt-Geschehens teilnimmt. Der Nachlass selbst wird zum Zeugnis einer aussterbenden Zeit.

Möglicherweise liegen hier die Gründe, die jüngere Kolleginnen und Kollegen abschrecken, sich diesem Thema und der damit verbundenen Organisation schon früh anzunehmen. Zu beobachten ist das Phänomen einer lebenslangen Verdrängung der Frage nach dem Umgang mit dem eigenen Nachlass sowie eine aufkommende Ohnmacht angesichts der immer näher rückenden Wahrscheinlichkeit des eigenen Ablebens. So wird das Problem des Vererbens und Aufbewahrens einst geschaffener Werke – wenn überhaupt – erst in den vermeintlich letzten Lebensjahren zaghaft angegangen. Doch angesichts der Verdrängung und der im Alter immer häufiger auftretenden Schwächen und Krankheiten wird die Organisation des Erbes und des Nachlasses nicht selten gar nicht mehr berührt. Diese Haltung geht bis zu despektierlichen und verantwortungslosen Vorstellungen wie: »Sollen sich doch die anderen um meinen Nachlass kümmern.«

Den eigenen künstlerischen Nachlass zu organisieren, das bedeutet ein schier unmenschliches Maß an Tatkraft und Einsicht in das eigene unausweichliche Ableben. Doch allein die Todesbewältigung braucht schon so viel Energie und beschert so große Ratlosigkeit, dass eine praktische Umsetzung der Nachlassorganisation oftmals aus Angst und mangels Kraft wie Zeit nicht mehr zum Tragen kommt. Sicherlich ist das Investieren verbleibender Kräfte in ein dem Leben zugewandtes Sein für die meisten Künstlerinnen und Künstler hoffnungsvoller als die triste Verwaltung bereits abgelegter Werke. Die

Vorstellung, man könne mit seiner Nachlassorganisation warten, bis es einmal ›soweit‹ sei, verdrängt nicht nur das eigene Ableben, sondern schiebt ein verantwortungsbewusstes Umgehen mit den eigenen Hinterlassenschaften auf einen fiktiven Zeitraum hinaus und spekuliert mit überdurchschnittlichen Lebenserwartungen und einem Dasein fernab von Krankheiten und Einschränkungen.

Selbst in sozial wie familiär glücklich eingebetteten zwischenmenschlichen Beziehungen, die eine solide Basis für grundlegende Überlegungen zum eigenen Testament bieten könnten, dominiert bei den Anverwandten nicht selten der Wunsch, den geliebten Partner oder die Partnerin, das wichtige Familienmitglied nicht verlieren zu wollen. Einer archaischen Vorstellung gleich, man dürfe die Geister des Todes gar nicht erst rufen, wird das Thema ›Nachlass‹ in eine Ecke gestellt, aus der es in den letzten Lebenstagen selten wieder hervorgeholt wird. Schließlich will man das möglicherweise bevorstehende Ableben nicht noch unnötig durch Aufarbeitungen belasten. Dass das Loslassen der eigenen Kunst auch hilfreich und befreiend sein kann, wird offensichtlich selten in Erwägung gezogen, stattdessen bestimmt das nahezu krampfhafte Festhalten an einst Geschaffenem oftmals den Lebenslauf bis in die letzten Stunden des Daseins hinein.

Nachlässe zu organisieren, das bedeutet, sich dem Thema des eigenen Ablebens in jedem Lebensabschnitt zu stellen, dies in einem ausgewogenen Maße zu diskutieren und gemeinsam mit dem sozialen Umfeld, welches sich als Hilfe anbietet, zu allen Zeiten des Lebens immer wieder neu zu eruieren. Wir alle sind in jedem Lebensabschnitt – ob jung oder alt – einem plötzlichen Ableben ausgesetzt, die daraus folgenden Konsequenzen für mögliche Erbnehmer sind immer präsent. Daraus folgt in untrüglicher Art und Weise eine Aufforderung an uns selbst und unsere Nächsten, sich diesem Erkennen des eigenen Todes zeitlebens anzunähern und in allen Lebenszeiten dafür Vorsorge zu treffen. Es ist durchaus ratsam, sich die Notwendigkeit oder die Nichtnotwendigkeit des angehäuften Materials auf sinnvolle Weise zu vergegenwärtigen, die Folgen des künstlerischen Tuns verantwortungsvoll zu reflektieren oder diese Reflexion mit anderen gemeinsam zu führen. Angesichts des unausweichlichen Todes sollten wir uns von Zeit zu Zeit mit anderen darüber austauschen, welche Kunstwerke von uns bewahrt und weitergetragen werden sollen. Dass diese vermeintliche Aufforderung an uns selbst von jedem stets und ständig unterlaufen wird, liegt in der Natur der angesprochenen Ängste. Doch allein die Reflexion über dieselben sollte Antrieb genug sein, sich in stillen, kontemplativen Momenten, die wir alle durch unsere Arbeit kennen, dem Phänomen des eigenen Ablebens Schritt für Schritt ohne Beklemmung anzunähern.

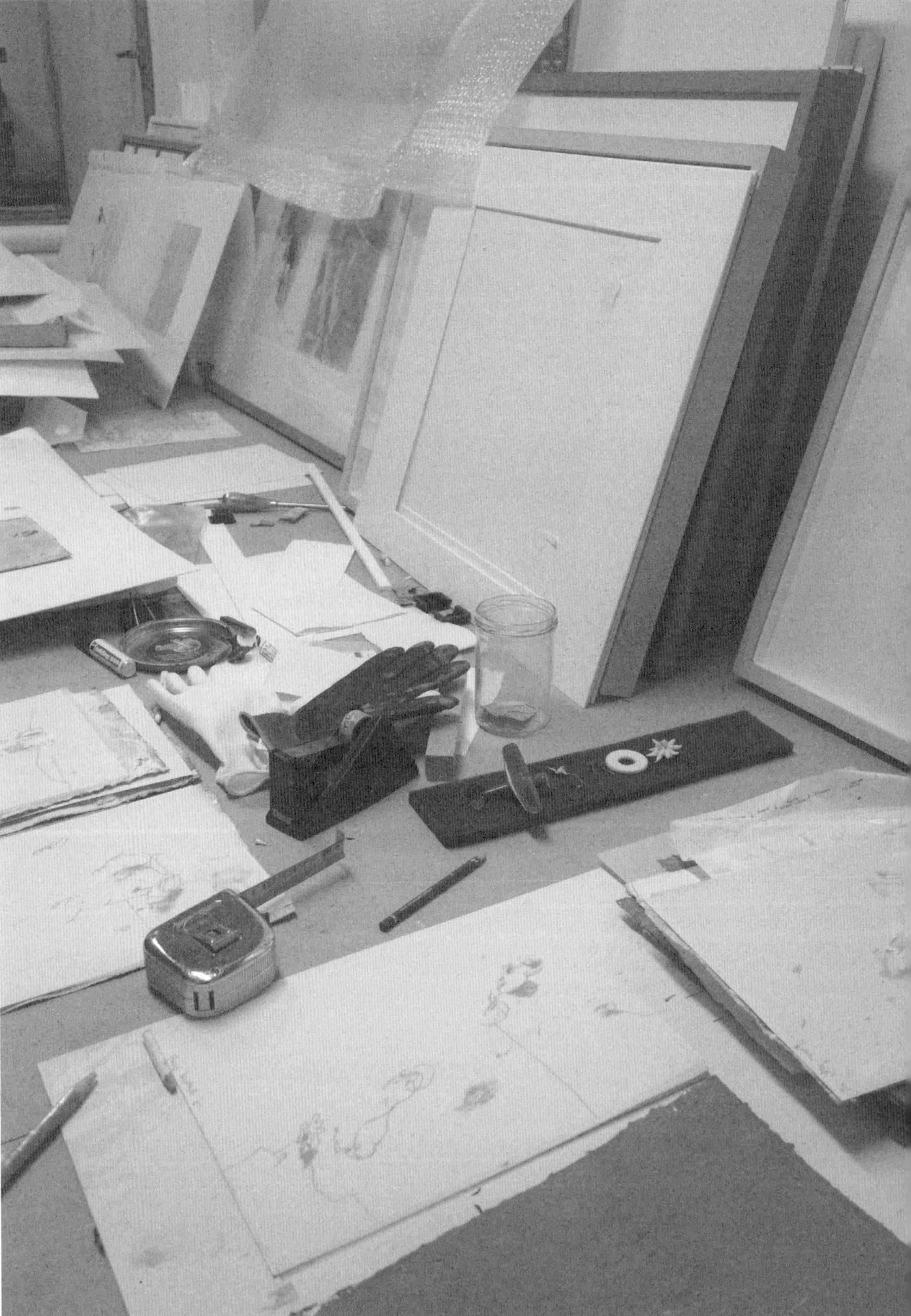

»Unsere Gesellschaft ist so wertvoll, wie sie in der Lage ist, sich für vermeintlich ›Schwächere‹ verantwortungsbewusst und engagiert einzusetzen.«

Süchtiges Schaffen

Es ist ein Ammenmärchen, das uns glauben macht, derjenige Künstler, der sich seiner Kunst organisiert widmet, habe den hehren Geist des genialen Künstlers verloren und verrate sowohl die emotionale als auch kreative Ernsthaftigkeit des Künstlerdaseins. Richtig ist, dass das Künstlerbild heute sicherlich noch immer weitgehend von einem Geniebegriff beeinflusst ist, nach dem der Künstler oder die Künstlerin – dem italienischen ›Nepoto di Dei‹ der Renaissance folgend – die Dinge der Welt von einer höheren Warte aus betrachtet und sich selten in die Niederungen des alltäglichen Lebens herabbegibt. Dies und die Bilder des armen Poeten haben über Jahrhunderte die Vorstellung vieler Generationen geprägt, der Künstler warte, bis ihn die Muse küsse, und das Ergebnis sei für einen Normalsterblichen von unerreichbarer Größe und Herrlichkeit. Er, der Künstler, der weder gewillt noch in der Lage sei, sich mit weltlichen Angelegenheiten zu plagen, habe sich schon um seines Standes willen nicht um Geld und Organisation zu kümmern. Er sei oftmals von Leid geplagt, von Wahnvorstellungen verfolgt und weitab von allem Sicherheitsdenken schlichter Bürgerinnen und Bürger. In derartigen Vorstellungen hat die Verantwortung für den eigenen Werknachlass kaum Platz. Die Nachfahren haben allenfalls die Möglichkeit, sich mit den vermeintlich niederen Tätigkeiten der Verwaltung eines Werkes in den Dienst eines Künstlers zu stellen. Dieses romantische, in der Vergangenheit die Kolleginnen vollständig ausschließende Künstlerbild beherrschte das Denken über viele Zeiten hinweg und ist auch heute noch in vielen Schichten der Gesellschaft präsent.

An den Akademien war die Suche nach einem Bild, das wie die ›Blaue Blume‹ in unerreichbarer Ferne in einem Phantasieland blüht, neben der Vorstellung, Kunst zu machen habe auch immer etwas Übernatürliches an sich, immer noch weitverbreitet. So war der Glaube an das Genie bis zum Ende des letzten Jahrhunderts ein Anliegen vieler Studentengenerationen, die sich erst im Zuge des Kunstmarkt-Booms allmählich von der Leichtsinnigkeit dieser Vorstellung befreiten und trotz aller Kreativität kluge, sinnige Strategien entwickelten, sich auf dem Kunstmarkt zu behaupten. Sicherlich war der Kunstmarkt hier zunächst die treibende Kraft, doch die Kolleginnen und Kollegen heutiger Tage, die einen Großteil des Managements selbst organisieren müssen, haben die Arbeitsweisen und Vorstellungen ihrer Verwerter schon lange adaptiert. Sie sind sehr wohl in der Lage, das Einmann-Unternehmen ›Künstler‹ – bei aller Zugewandt-

heit zu Artifiziellem – professionell und nüchtern zu betreiben. Die Akademien, Hochschulen und anderen Institute bieten mittlerweile mit Professionalisierungskursen Einstiegshilfen in eine selbst organisierte Unternehmerschaft, die jedem Künstler und jeder Künstlerin das kaufmännische wie unternehmerische Überleben an dem hart umkämpften Markt sichern soll. Dass dabei manchmal eher die Strategien beachtet werden und weniger die künstlerische Qualität, ist für die Überlegung zu den Nachlässen unerheblich, zumal das materielle Ergebnis in der Quantität für die Nachlassdiskussion erst einmal unabhängig von seinem Marktwert oder seiner künstlerischen und intellektuellen Präsenz gesehen werden muss.
So hilfreich diese sachlichen Unternehmungen für das wirtschaftliche Fortkommen von Künstlerinnen und Künstlern auch sein mögen, so sehr die Nachlassfrage und die Kritik an der unreflektierten Materialanhäufung auch außer Acht gelassen werden – so wenig werden all diese Überlegungen der Tatsache gerecht, dass es nun einmal kreative Frauen und Männer gibt, die solche Gedanken kraft ihrer Persönlichkeit nicht teilen können. Es gibt Kolleginnen und Kollegen in unserer Zunft, die nicht in der Lage sind, sich zu organisieren, sich zu verwalten und sich derlei ›weltlichen Dingen‹ nüchtern zu stellen. Diejenigen, die aus einem psychischen Druck heraus kreativ arbeiten und die Realität um sich herum immer wieder grundlegend vergessen, sind möglicherweise geprägt von einer künstlerischen Besessenheit, die es gar nicht erlauben würde, sich zu organisieren oder Managementkulturen zu übernehmen. Kunst wird – so gut und umfassend sie auch immer organisiert werden könnte –

heutzutage auch von Kunstschaffenden gemacht, die sich entweder absichtsvoll oder mangels Einsicht und Vorstellungsvermögen nicht in eine Welt der Ratio, des Kalkulierens einleben können. Auch diese Kolleginnen und Kollegen besetzen einen großen Teil der heutigen Kunstproduktion. Unabhängig davon, ob sich diese Haltung aus einer Verweigerung oder einem psychisch geschuldeten Unvermögen heraus ergibt, wird ihnen die Organisation und die Problematik des Nachlasses dennoch nicht abgenommen, weil sie – wie jeder andere auch – das Schicksal des unausweichlichen Ablebens einmal werden teilen müssen.

Die Unfähigkeit zur Selbstdisziplinierung – die ich mit allem Respekt nicht negativ kommentieren möchte, zumal sie auch von großer künstlerischer Kompetenz zeugen kann – ist trotz des mittlerweile zu Recht kritisch betrachteten Geniebegriffs der vergangenen Tage eine Tatsache, mit der unsere Gesellschaft, in erster Linie die Künstlerinnen und Künstler selbst sowie in Folge die Angehörigen lernen müssen, umzugehen. Bei allem Verständnis für Künstlerinnen und Künstler, die sich den Normen gesellschaftlichen Lebens entziehen müssen, stellt sich gerade in derlei Fällen weitaus häufiger die Frage eines unbeherrschbaren Nachlasses. Es ist an uns, die wir von den Arbeitsergebnissen jener geschätzten Kolleginnen und Kollegen begeistert angezogen werden, die Verantwortung für ihre Werke mit zu übernehmen, ihnen mit Rat und Tat zur Seite zu stehen. Es ist also wiederum das soziale Umfeld gefragt, die Diskussion um Kernkonvolute sowie Werksammlungen zu initiieren und gemeinsam mit den Künstlerinnen und Künstlern zu annehmbaren Lösungen der

Verwaltung eines Nachlasses schon zu Lebzeiten zu kommen. Sicherlich macht es wenig Sinn, sich in die Arbeitsweisen jener Kollegen einzumischen, doch der Verweis auf eine einmal anstehende Nachlassversorgung darf durchaus angebracht werden.
Unsere Gesellschaft ist so wertvoll, wie sie in der Lage ist, sich für vermeintlich ›Schwächere‹ verantwortungsbewusst und engagiert einzusetzen. Nachlässe zu akzeptieren, heißt, auch schon zu Lebzeiten eines Künstlers oder einer Künstlerin mit gebührender Kraft die kreative Arbeit zu unterstützen und mit den Betroffenen Gespräche darüber zu führen, wie mit dem Werk im Fall des Falles verfahren werden soll. Nachlässe zu thematisieren, bedeutet für die Gemeinschaft in letzter Konsequenz, sich einer sozialen Aufgabe zu stellen und Hilfsangebote an Künstler und Künstlerinnen schon zu Lebzeiten zu initiieren sowie Gespräche über den zu erwartenden Nachlass beizeiten zu führen. Hierbei wird es auch um Unterstützung beim Erstellen eines Werkverzeichnisses gehen müssen und es wird um die Hilfe dabei gehen, Werke einzuordnen. Allein die Zustimmung der Künstlerin oder des Künstlers zu Sortierungen, zu einer möglichen Entsorgung oder zu einem Kernkonvolut könnte für die Sicherung des Nachlasses außerordentlich dienlich sein.

»Die Erfahrung zeigt, dass gerade das Loslassen von weltlichem Hab und Gut – so müssen wohl auch künstlerische Erzeugnisse eingestuft werden – in einem Frieden stiftenden Sinne erlebt werden kann.«

Lagerhaltung und Loslassen

Auf dem vom Deutschen Künstlerbund 2012 in der Berlinischen Galerie abgehaltenen Symposium zum Thema ›Künstlernachlässe‹ gab es einen zugegebenermaßen provokanten Vortrag mit dem Titel »Depot oder Deponie?«. Während der Rede kam es zu dem sinnigen und nachvollziehbaren Zwischenruf eines Künstlerkollegen, er sei angehalten, sein Depot zu verwalten und zu bewahren, weil es seine Arbeitsgrundlage darstelle und es somit sein potenzieller Lebensunterhalt sei. Er sehe nicht ein, weshalb er vorsätzlich dieses Depot schon zu Lebzeiten dezimieren solle.
Angesichts des Umsatzes, der mit Kunstwerken jedweder Provenienz in unserer Region und weltumspannend erzielt wird, ist es nachvollziehbar, dass das aktuelle Depot eines am Kunstmarkt aktiven Künstlers nicht mutwillig zerstört werden sollte. Es macht keinen Sinn, der Wahnvorstellung zu folgen, man müsse wegen des Nachlassproblems

beizeiten alles entsorgen und mit einem kleinen Kernbestand auf die Jahre warten, die das Schicksal für einen vorgesehen hat. Künstlerinnen und Künstler unterschiedlichen Standes innerhalb eines aktiven Ausstellungsbetriebs werden selbstverständlich ein Lager vorhalten, das es ihnen ermöglicht, bei Ausstellungen und Verkäufen flexibel zu sein. Ihr Archiv ist auch notwendig, um sich einstiger Arbeitserzeugnisse zu vergewissern. Für Künstlerinnen und Künstler sind diese Werke eine Rückversicherung und in der Rückschau wichtige und unverzichtbare Arbeitswerkzeuge. Es ist verständlich, dass selbst Werke, die – möglicherweise für Außenstehende nicht nachvollziehbar – eine Schlüsselfunktion einnehmen, fortwährend in einem Depot bewahrt werden. Auch wäre es geradezu töricht, fertige Reihen oder einzelne Werke, deren Verkauf sich im Bereich des Möglichen bewegt oder deren Ausstellung sich in dem Gesamtkontext eines Œuvres sinnvollerweise als Ergänzung zeigt, gedankenlos auf einer Mülldeponie zu entsorgen – nur deshalb, weil Gedanken zu einer Nachlassdezimierung das eigene Tun und Schaffen künftig bestimmen sollen.

Es gibt Beispiele, die belegen, dass ein psychischer Druck angesichts des Werkes dazu geführt hat, ganze Werkkomplexe zu zerstören. Doch unabhängig von derlei kathartischen und künstlerisch motivierten Vernichtungsorgien sammeln Künstlerinnen und Künstler üblicherweise ein ganzes Berufsleben lang Material. Sie sortieren aus diesen Erfahrungen und Erkenntnissen diejenigen Merkmale aus, die sich für die Realisierung des eigenen Werkgedankens eignen und die Entwicklung der künstlerischen Ideen stützen. Bilder oder Bildnisse

– gleich welcher Erscheinung – entwickeln sich aus gesammelten und gefundenen Erfahrungen und Eindrücken. Sie bieten wiederum die Basis für neue kreative Exkursionen in die Welt des Kunstschaffens. Allerdings berichten ebenso viele Kolleginnen und Kollegen von Klärungen, die man erfährt, indem man Gedanken und Werke aussortiert, um zu kreativen Neuanfängen zu gelangen: Es sei ratsam, den Sortierungs- und Abstoßungsprozess nicht nur gedanklich und beim Entstehen eines Werkes zu vollziehen, sondern ganze Werkgruppen, ja das Gesamtwerk von Zeit zu Zeit auf Sinnigkeit hin zu überprüfen und das Gesamtprofil des eigenen Schaffens zu kontrollieren. Das Zerstören von Werken wird selbst Teil eines kreativen Gesamtkonzepts, welches für den Außenstehenden möglicherweise weniger nachvollziehbar sein kann, das aber dem Autor die Möglichkeit zur Klärung eigener Gedanken gibt.
Es ist naturgemäß schwierig und nahezu anmaßend, professionell arbeitenden Künstlerinnen und Künstlern anzuraten, sich zu sortieren und vermeintlich fragwürdige Werke abzustoßen, doch die Erfahrung zeigt, dass die Bereitschaft zu derlei Prozessen zu jeder Zeit den Erbnehmern eine Hilfe und den zukünftigen Verwertern ein sinnvolles Handwerkszeug sein kann. Künstlerinnen und Künstler, die sich aufgefordert sehen, eigene Kriterienkataloge anzulegen, setzen damit den Nachlassnehmern hilfreiche Verweise.
Kolleginnen und Kollegen, die heutzutage im Kunstmarkt-Geschehen präsent sind, haben erfahrungsgemäß Datenbanken, die – einem Werkverzeichnis ähnlich – alle nur erdenklichen Hinweise auf Standort, Art und Größe eines Werkes beinhalten. Anhand solcher Archi-

ve ist es einfacher, Bestände zu deklarieren und posthum schlüssig zu verwalten. Der entscheidende Vorteil dieser mittlerweile üblichen Datenbanken ist es, dass der Bestand kontrolliert und die Materialmengen quantifiziert werden können. Dennoch scheint es ratsam, auch hier beizeiten Aussonderungsvermerke zu setzen und möglichst ein Kernkonvolut zu definieren, das im Falle des Ablebens einer wie auch immer bestimmten Verwendung zugeführt werden kann. Es ist jedem Künstler und jeder Künstlerin anzuraten, sich Gedanken um jenes uns bei Nachlassdiskussionen stets begleitende ›Kernkonvolut‹ zu machen. Gerade bei der Definition der Auswahl – die verständlicherweise auch das Eingrenzen und damit den Abschied von Werken bedeutet – wird immer wieder von Klärungen berichtet, und Nachlassnehmer werden mit weitaus weniger Problemen zu kämpfen haben, weil die Quantität wie auch die Qualität des Nachlasses vom Autor selbst bestimmt worden sind.

Kolleginnen und Kollegen, die zu Lebzeiten das Profil ihres Gesamtwerkes festlegen können und in der Lage sind, Werkgruppen zu sortieren bzw. gegebenenfalls auch zu vernichten – oder diese Entsorgung vorzugeben –, werden überschaubare Verhältnisse hinterlassen. Zudem können sie sich in der Gewissheit, der Nachwelt ein in sich geschlossenes Gesamtwerk zu präsentieren, mit aller gebührenden Kraft auf die aktuelle Arbeitssituation einstellen.

Das Damoklesschwert des Nachlasses, das wie eine unbändige Last über dem Künstler und dessen Angehörigen schweben kann, könnte so bedenkenlos vergessen werden, wenn es dem Künstler oder der Künstlerin gelingt, schon frühzeitig eine entsprechende Organisationsform – auch mit fremder Hilfe – für das eigene Werk zu strukturieren. Doch ist wohl auch hier eine mentale Bewältigung des Loslassens schon zu Lebzeiten nötig. Die Erfahrung zeigt, dass gerade das Loslassen von weltlichem Hab und Gut – so müssen wohl auch künstlerische Erzeugnisse eingestuft werden – in einem Frieden stiftenden Sinne erlebt werden kann.

»Eine sinnvolle und effektive Museumsarbeit wie Nachlassorganisation kann nur geleistet werden, wenn man von einer ungebrochenen Fortschreibung der Kunstgeschichte ausgeht.«

Das gesicherte Werk

Die meisten Künstler und Künstlerinnen sind beseelt von der Vorstellung, ein gesichertes Werk in die Zukunft zu tragen. Beginnend mit der empfehlenswerten Sicherung durch ein laufend aktualisiertes Werkverzeichnis bis hin zur Bestimmung des Kernkonvoluts schon zu Lebzeiten, über den intensiven Kontakt mit möglichen Nachlassnehmern oder Kuratoren, die sich des Nachlasses annehmen sollen: Es gibt zahllose Sicherungsmodelle für künstlerische Arbeiten. Ist diese Vorbereitung auch juristisch weitgehend abgeklärt, sollte der Überführung des Werkes in einen geordneten Nachlass nichts im Wege stehen. Unabhängig von dem Rang eines Werkes ist es der persönliche Antrieb, der diese Vorsorge zur Umsetzung bringt. Im Rahmen der Sicherungsmaßnahmen werden spätere Nachlassverwalter, seien sie staatlich oder privat bestellt, dankbar auf diese bereits ausgeführte Vorarbeit zurückgreifen, denn diese Form der allumfassenden Aufarbeitung bietet die vermeintlich größte Sicherheit, einer profunden Nachlassregelung gerecht zu werden. Jeder Archivar wird mit Freude auf derart vorbereitete Werknachlässe schauen und mit Eifer und Genugtuung die Arbeit aufnehmen wollen. Die Imponderabilien bei Nachlässen sind im Laufe dieser Abhandlung mehrfach beschrieben worden, aber der Wille, kulturelles Erbe antreten zu wollen, wird neben der vielleicht noch zu klärenden Qualitätsfrage maßgeblich durch die bereits begonnene Aufarbeitung unterstützt. Gerade im Hinblick auf die vielen heute kursierenden Werknachlässe wird ein bereits gesicherter Nachlass von großem Vorteil sein, weil er in organisatorischer und materieller Hinsicht Nachlassnehmer weitestgehend entlastet. Es ist nicht von der Hand zu weisen, dass auch finanzielle Unwägbarkeiten zur Ablehnung eines Nachlasses führen können. Es ist wiederum an den Künstlerinnen und Künstlern, diese Sicherung nach eigenen Vorstellungen vorzubereiten und die Absprachen hierzu einzuleiten. In welcher Form der Nachlass weitergetragen werden soll, kann – wie mehrfach erwähnt – auch so schon grundlegend bestimmt werden.

Bei allen Sicherungsvorkehrungen ist es dennoch empfehlenswert, auch hier im Stillen die zukünftigen veränderten Betrachtungskriterien wie die Unmöglichkeiten einer fortwährend gesicherten Bewahrung mitzudenken. Auch bei sorgfältig vorbereiteten Nachlässen schwingt die Unsicherheit der Zukunft ständig mit und das Verlorengehen der künstlerischen Arbeit kann durchaus im Bereich des Möglichen liegen. Es ist die Reflexion über den Begriff der Sicherheit, die wir als Künstler oder Künstlerin eigentlich in unserem Werk ständig vorantreiben und welche uns vertraut sein sollte: Die Unsicherheit wie die schiere Unerklärlichkeit unseres Seins sollten uns auch in Bezug auf Sicherungsvorkehrungen zu einem Nachlass ständiger Begleiter und gedankliche Vorbereitung sein.

So sehr wir in unserer Gesellschaft auf großartig recherchierte Kunstgeschichte zurückgreifen können, so sehr wir gewohnt sind, lexikalisch auch kleinste Details der Vergangenheit aufspüren zu können und uns erhoffen, dass unsere Arbeiten in gleichem Stile verwaltet werden mögen, so sehr sind die inneren Vorbereitungen auf eine grundsätzliche Unsicherheit ebenso sinnfällig und hilfreich.

Viele Kolleginnen und Kollegen werden diese vielleicht mahnenden Zeilen nicht teilen mögen und auf die umfangreichen Sicherungsmaßnahmen großer Museen und Sammlungen verweisen. Sie werden auf eine jahrtausendelange Geschichtsschreibung verweisen und sie werden sich selbst einreihen wollen in die abendländische Vorstellung, alles bewahren zu können. Die Frage der Herkunft wie der Sicherung ist für viele tragendes Moment und es ist mit Gewissheit nichts Falsches daran, sich diesem Geiste in der Nachlassversorgung anschließen zu wollen. Im Gegenteil: Es ist die Geschichtsschreibung, die durch umfangreiche Sicherungsmaßnahmen und komplexe Recherchen unseren heutigen Wissensstand begründet. Es sind die modernen Standards der Wissenschaft, die es uns erlauben, Einblick zu haben in vergangene Zeiten und Kulturen, in Lebenswerke von einstigen Größen der Geschichte, der Kultur und von Außenseitern der Kunstgeschichte. Es ist das aufgearbeitete Wissen um die Vergangenheit, das uns ermutigt, mit unserer Arbeit in gleicher Weise

zu verfahren wie all die Sammlungen und Archive, die wir im Laufe unseres Lebens kennenlernen durften. Bei aller grüblerischen Reflexion einer möglicherweise unsicheren Zukunft für unseren Nachlass ist es die jahrhundertelange Erfahrung, die uns lehrt, dass uns Archive zu Erkenntnissen verhelfen, die unser aller Bewusstsein prägen und die als Basis für weiteres Forschen genutzt werden dürfen. Sich diesen konservatorischen Vorstellungen anzuschließen, ist der Wunsch vieler Künstlerinnen und Künstler; und der Wille, es diesen erprobten Unternehmungen gleichzutun, begleitet viele unserer Kolleginnen und Kollegen. Sicherlich ist es richtig, bei einer Nachlassdebatte von einer gelungenen Fortschreibung jüngster und älterer Kulturgeschichte auszugehen und das Mitschwingen apokalyptischer Zukunftsvisionen in die Welt der Fiktion zu verbannen. Wer möchte Krieg und Zerstörung, den Untergang der Menschheit und andere unheilvolle Ereignisse gerne mit seinem eigenen Nachlass in Verbindung bringen? Es ist der hoffnungsvolle Blick in die Zukunft, der uns glücklicherweise leitet: Eine sinnvolle und effektive Museumsarbeit wie Nachlassorganisation kann nur geleistet werden, wenn man von einer ungebrochenen Fortschreibung der Kunstgeschichte ausgeht.
Wir sollten alle geneigt sein, unsere Vorstellungen einer positiv besetzten Zukunft mit zahlreichen Werken jedweder Provenienz im Sinn zu haben, doch ist ein seriöser Umgang mit Künstlernachlässen nur möglich, wenn man den nachvollziehbaren und durchaus realisierbaren Wunsch der Sicherung des Werkes auch im Verhältnis zu eben jener Unsicherheit der Zukunft und dem möglichen Vergessen unserer eigenen künstlerischen Arbeitsleistung betrachtet.

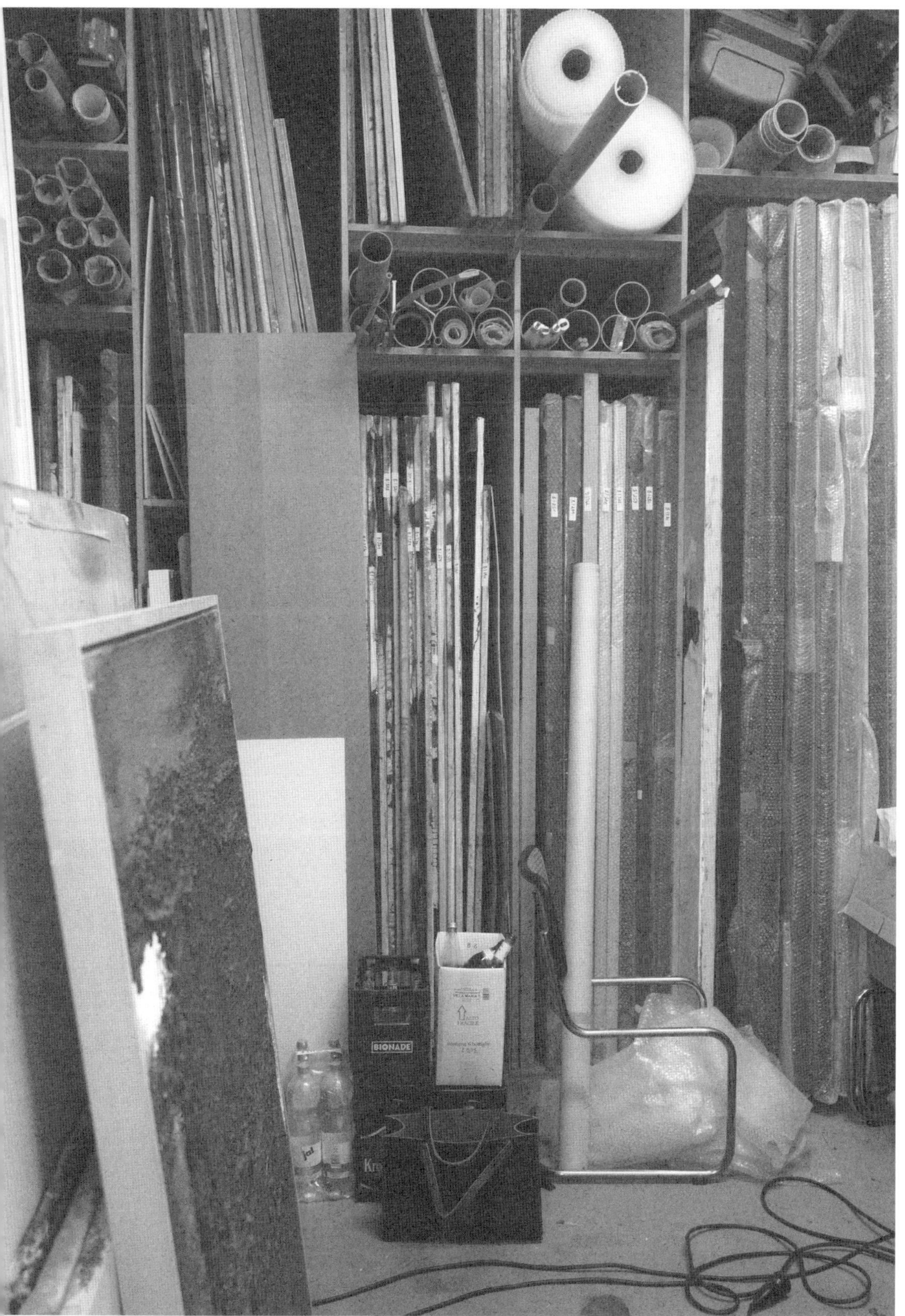
BIONADE
ja!

»Was wäre die Welt ohne die Phantasmagorien oder die Sammelleidenschaft der Künstlerinnen und Künstler, die Schönes und Unrat, sinnvolle und vermeintlich nutzlose Dinge zu neuem Leben erwecken und die Luftschlösser bauen aus allen ihnen zufliegenden Gegenständen und Materialien.«

Requisiten einer vergangenen Zeit

Der Umgang mit Künstlernachlässen ist schon allein wegen der Tatsache, dass er nicht von den Künstlerinnen und Künstlern selbst in der Zukunft verwaltet werden wird, zumeist ein rationales Unterfangen. Nachlässe sind ein Stück Erinnerung und bleiben in letzter Konsequenz die nüchterne Verwaltung durch Hinterbliebene. Kunst als politische Forderung, Kunst als partizipatorische Kunstprojekte, Kunst als soziologische Utopie: Viele Derivate heutiger Kunst bewegen sich in der Schnittmenge zwischen Philosophie und anderen artverwandten Wissenschaften und stellen ein gedankenanregendes Klima her. Allerdings gibt es in heutiger Zeit ebenso zahlreiche Beispiele, die belegen, dass das Herstellen von Kunst, das Ansammeln der Werke, das Auftürmen der künstlerischen Erzeugnisse, der oftmals zelebrierte Gigantismus der Inszenierungen und die nicht greifbaren Schöpfungen vieler Künstlerinnen und Künstler von einem rational nicht zu greifenden Impetus beseelt sind. Kunst verzaubert und entführt uns in ferne Welten der Phantasie. Ohne Zweifel würde die Welt ein großes Stück ärmer sein ohne Kunst. Wir würden uns, den Kindern gleich, die ohne Märchen aufwachsen, nur mehr in stupiden Alltäglichkeiten verlieren. Kunst herstellen und Kunst zeigen ist auch ein Stück Magie, das uns allen hilft, der Härte der uns umgebenden Realität mit einem kleinen versöhnenden Ausgleich entgegentreten zu können. Kunst ist bei allen nüchternen, vermeintlich kalkulierbaren Möglichkeiten, die heutzutage abgerufen werden können, weitestgehend auch ein Stück Verführung, welche sich fernab von harten Fakten und bitteren Realitäten bewegt. Kunst beschäftigt sich auch mit den Träumen der Künstlerinnen und Künstler und erweckt diese zum Leben. Es sind die Kunsterzeugnisse selbst, die von diesen Träumen berichten, und es sind die Requisiten der Künstlerinnen und Künstler, die all die zierlichen weißen Kunsttauben aus den Zylindern der Illusionisten aufflattern lassen. Kunst bringt uns – einer Zirkusvorstellung gleich – zum Staunen, zum Lachen und zum Weinen. Dass sie uns auch belehren kann, steht außer Frage.

Bei aller gebotenen Nüchternheit von politischen Forderungen im Zusammenhang mit Nachlässen, bei allem organisatorischen Geschick, das notwendig scheint, ist es dennoch unumgänglich, auf diese Bereicherung, die sich manchmal im sympathischen Übermaß verliert, hinzuweisen. Wenn über Kernkonvolute und Steuern gesprochen wird, ist es notwendig, den angreifbaren Schatz Kunst und die Zauberei der Dinge im Sinn zu behalten. Es wird sofort sinnfällig, dass derlei Unternehmungen dringend gestützt und geschützt werden müssen. Was wäre die Welt ohne die Phantasmagorien oder die ungezügelte Sammelleidenschaft der Künstlerinnen und Künstler, die Schönes und Unrat, sinnvolle und vermeintlich nutzlose Dinge zu neuem Leben erwecken und die Luftschlösser bauen aus allen ihnen zufliegenden Gegenständen und Materialien. Kunst kann ein Gegengewicht zu Alltäglichkeiten sein und sie beschenkt uns in einem fast heilenden Maße.

Doch wenn wir über Künstlernachlässe nachdenken, dann darf auch die Frage nach dem Umgang mit all den Requisiten gestellt werden, die zur Lebenszeit der Künstlerinnen und Künstler notwendig waren, um uns mit derlei bereichernden Vorstellungen zu versorgen. Dann muss die Frage gestellt werden, ob diese Gegenstände ohne das Zutun der Künstlerinnen und Künstler auch weiterhin die Kraft haben werden, uns mit ihrer Aura einzufangen, oder ob die Dinge zusammen mit ihren Artisten zu Grabe getragen werden dürfen. Viele Kolleginnen und Kollegen sprechen oft davon, dass sie ihre Kunstwerke in dem Moment aus dem Atelier entlassen, wenn sie erwachsen geworden sind. Viele sprechen davon, dass »die Kunstwerke nun alleine laufen können« und dass »die Schöpfer dieser Dinge nicht mehr gebraucht werden.« Wenn »diese Dinge« den Weg in die Öffentlichkeit geschafft haben, sollten wir uns vielleicht nicht allzu viele Gedanken machen. Doch was geschieht mit all den verzauberten Gegenständen, die noch zu Hause in den Kisten auf ihre Aufführung warten?

Warum sollten Nachlassverwalter diese Objekte unbedingt in den Status des verkäuflich Dingbaren erheben und mit ihnen Handel treiben? Warum sollten sich Erben im verzeihbaren Unverstand eingeschlossener Werke annehmen und sie mit aller Gewalt ans Licht zwingen? Könnte es uns Künstlerinnen und Künstlern nicht auch ein Trost sein, dass diese unsere Werke – vielleicht nicht alle, aber zumindest einige – mit uns zusammen diese Weltenbühne für immer verlassen?

»Die Beschäftigung mit dem Begriff des ›temporären Kunstwerkes‹ zeigt, dass dieses von vornherein seine eigene Vergänglichkeit mit einschließt.«

Temporäres

Die heutige Situation im Ausstellungswesen, sprich in den Galerien, Kunstvereinen und Museen, bietet vielen engagierten Künstlerinnen und Künstlern ausreichend Gelegenheit, ihre Arbeiten entsprechend ihren Maßgaben und Vorstellungen zu präsentieren. Der Kunstmarkt hat sich auf Kunstmessen ein Refugium geschaffen, in dem aktuelle Kunstströmungen umfassend gezeigt werden können. In all den erwähnten Instituten hat sich über die letzten Jahre hinweg eine große Vorliebe für temporäre Kunstereignisse eingestellt. Der Begriff ›temporäre Kunst‹ greift immer mehr um sich und in Konkurrenz zu den für die scheinbare Ewigkeit angefertigten Kunstwerken genießen derlei Ereignisse große Aufmerksamkeit bei den Rezipienten genauso wie bei den Ausstellungshäusern. Die möglicherweise notwendigen Materialien werden – einem Theaterfundus gleich – entweder

aufbewahrt oder häufig nach der Show wieder entsorgt. Die Aufführungen, wie Performances und Vergleichbares, werden zumeist in Videomitschnitten oder Fotodokumentationen für die Nachwelt festgehalten.
Das ›temporäre Kunstwerk‹ erlangt im Vergleich zu den allgemein üblichen Präsentationsformen mehr und mehr an Bedeutung und das Problem eines Nachlasses zeigt sich hier eher im Archivieren von Dokumentationen als im musealen Nachstellen einstiger Situationen, wie zum Beispiel dem Schiefertafel-Ensemble von Joseph Beuys in der Neuen Nationalgalerie in Berlin.
Der Begriff des ›temporären Kunstwerkes‹ hat im Kunstmarkt-Geschehen ein neues Vermarktungsdenken angestoßen und es bleibt abzuwarten, ob sich Künstlerinnen und Künstler zu dieser Kunstform in Zukunft noch mehr hingezogen fühlen werden, als es bislang vielleicht geschehen ist. Die Beschäftigung mit dem Begriff des ›temporären Kunstwerkes‹ zeigt, dass dieses von vornherein seine eigene Vergänglichkeit mit einschließt. Ein solches Kunstwerk dokumentiert oftmals auch die Einsicht in das Problem der materiellen Überproduktion von Kunstwerken, die zum Leidwesen von vielen Protagonisten lediglich in Depots verweilen müssen. Angesichts der Schnelllebigkeit von Kunstereignissen und der rasanten Entwicklungen auf dem Kunstmarkt werden sich Künstlerinnen und Künstler als Vordenker von Kunstverbreitungsstrategien möglicherweise immer häufiger der Konzeption von Kunstwerken widmen, die sich durch eine zeitlich begrenzte Verweildauer innerhalb des Präsentationsreigens der Kunstwelt auszeichnen.

Ein regelmäßig angeführtes Argument, ›temporäre Kunst‹ lasse sich nicht vermarkten, wird weiterhin zu diskutieren sein. Analog zu der Aufführungspraxis von Bühnen und Theatern werden sich alle Beteiligten über neue Vergütungsmodelle verständigen müssen. Das ›temporäre Kunstwerk‹ könnte Vorreiter sein und zu einem Umdenken innerhalb der Kunstgemeinde führen; es könnte die für die Ewigkeit gedachten Anlagen von Kunst, die sich ähnlich einer steigenden oder fallenden Währung zur Geldanlage eignen, nachhaltig infrage stellen. Darüber hinaus gibt die wachsende Etablierung von ›temporären Kunstwerken‹ im Bewusstsein der Künstlerinnen und Künstler einen Anstoß für ein Umdenken im Hinblick auf die bislang produzierten eigenen Werkstücke. Die Kolleginnen und Kollegen, die ihre Arbeiten ohnehin als eingefangenen Ausdruck eines bestimmten Augenblicks oder eines zeitlich begrenzten künstlerischen Gedankens empfinden, werden sich unter Umständen viel eher an das ›Ableben‹ eines Kunstwerkes gewöhnen können, als es vielleicht ein Sammler oder Kunstliebhaber täte, der der alten Tradition des Anhäufens von Hab und Gut nachgehen möchte. Auch wenn die einzelnen Arbeiten ursprünglich möglicherweise nicht unter dem Aspekt eines ›temporären Werkes‹ geschaffen wurden, ist die Reflexion über derartige Erscheinungen in der Kunst durchaus geeignet, das eigene Lebenswerk insgesamt mehr als ein temporäres zu empfinden und den eigenen Nachlass entsprechend einzuordnen. Angesichts der riesigen Materialmengen werden zahlreiche Künstlerinnen und Künstler von den Nachfahren wahrscheinlich ebenfalls einmal als ein temporäres Ereignis einsortiert werden. Es könnte durchaus sein, dass sich die von gestandenen Malern und Bildhauern oftmals mit Respektlosigkeit betrachteten temporären Kunstereignisse irgendwann als neue Diskussionsgrundlage für das eigene Schaffen und in Folge als wichtig für den eigenen Nachlass herausstellen. Allein die Aufführung eines zeitlich begrenzten Kunstereignisses, das als ernst zu nehmende Äußerung rezipiert wird, sollte uns im Hinblick auf Nachlässe zu denken geben. Es wird die Haltung zu den auf Ewigkeit geschaffenen Dingen selbst zu hinterfragen sein, denn diese Haltung allein wird die grundsätzliche Organisation unserer Werke bestimmen.

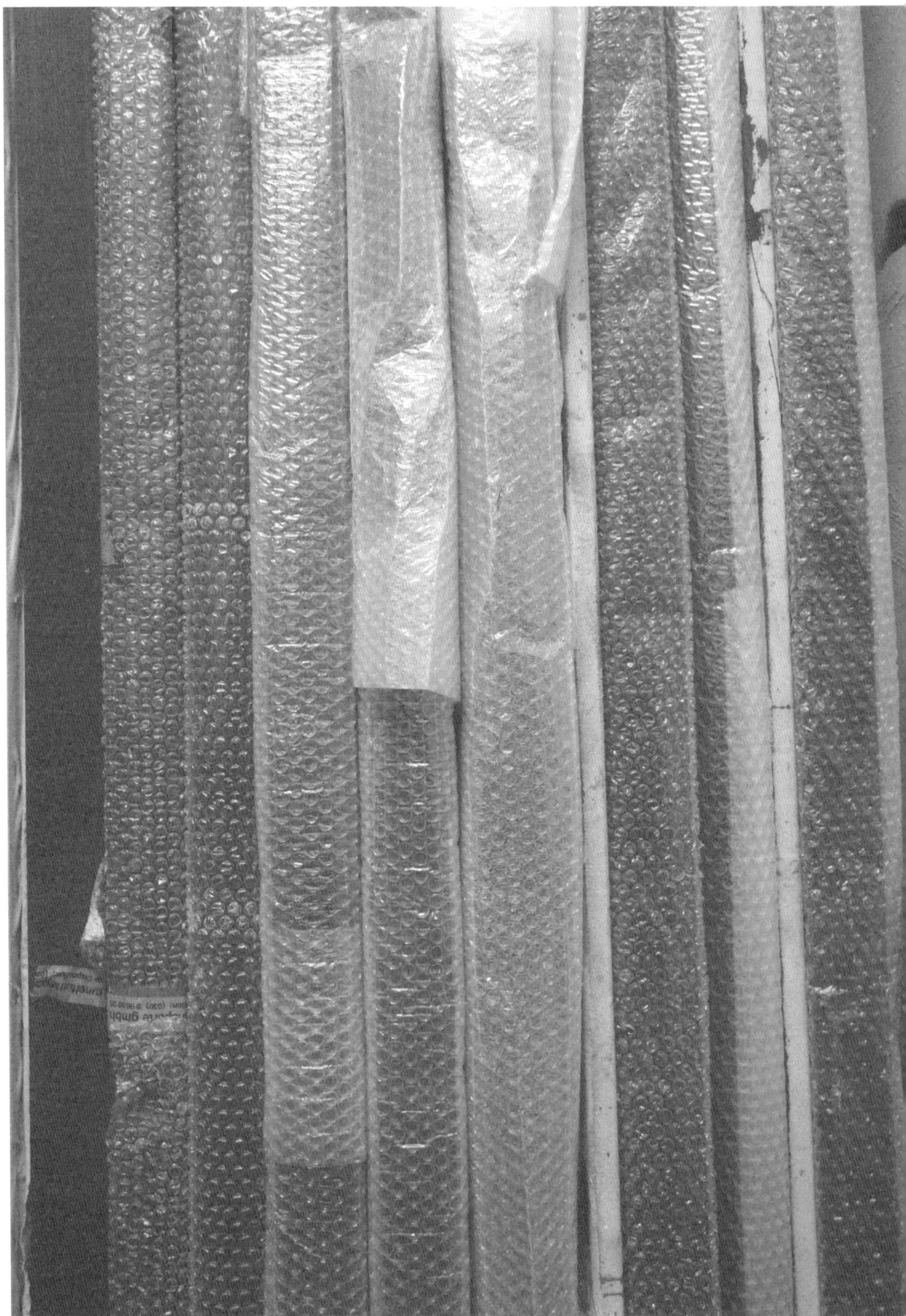

»Es ist an den Kolleginnen und Kollegen, sich selbst bewusst auf den kommenden Umgang mit dem geschaffenen Werk vorzubereiten.«

Ein Briefwechsel

Im Zuge der Vorbereitung eines Vortrags zum Thema ›Künstlernachlässe‹ kam mir die Idee, parallel zu meiner Rede Fotos von Bilderlagern oder Werkdepots in Ateliers vorzustellen. Es war mir wichtig, allein durch die Menge der gezeigten Kunstwerke – verpackt in Kisten oder Luftpolsterfolie, einsortiert in gesondert entworfenen Regalen oder chaotisch lose zusammengeworfen in einer Ecke auf die nächste Ausstellung wartend – einen Eindruck zu vermitteln, welche Massen in den Ateliers ruhen, mit denen wir alle es im Erbfalle zu tun haben könnten.
Hinter all den Bildern verstecken sich zahllose Biografien mit jeweils unterschiedlichen Lebensumständen, Ängsten und Wünschen für den eigenen künstlerischen Lebensentwurf – und daraus resultierend eine vage zu bestimmende oder bislang verdrängte Nachlassversorgung. Die unzähligen Fotos dokumentieren anschaulich das Problem der ›Materialberge‹, sie sind oft eindrucksvoller als manch mahnend geschriebenes Wort.

Durch einen Rundbrief, den ich an Kolleginnen und Kollegen mit der Bitte richtete, mir Fotos von Lagersituationen oder Depots zuzusenden, ergab sich eine kurze, aber prägnante Korrespondenz mit einem Künstler. Seine Briefe möchte ich im Zusammenhang mit der Nachlassproblematik nicht unerwähnt lassen. Beeindruckend war für mich, mit welch überzeugender Klarheit der Kollege die Nachlassproblematik erfasst und mit welch entschiedener Absolutheit er sie vorgestellt hat.
Prof. Wolfgang Körber, Jahrgang 1934, arbeitet als Maler und Bildhauer in Solingen. Er war lange Zeit an der Universität Wuppertal als Lehrender tätig.

Lieber Herr Zeidler, *19. August 2013*

mein Atelier ist auch mein Lager.
Meine Produktion wird mich bald ersticken.
Ich werde Vorsorge treffen müssen, damit mein Zeug nach meinem Tod auf eine geeignete Deponie kommt. Ich habe meine Freude gehabt. Danach spricht der Schredder. Diese Haltung hat mit Zynismus nichts zu tun. Es wäre unverantwortlich, meine Produktion der Allgemeinheit zur Aufbewahrung aufzudrängen, wenn sie von sich aus keine Absichten bekundet.

Herzliche Grüße und Dank für Ihre Arbeit
Ihr Wolfgang Körber

Auf meine Anfrage, ob ich neben dem Foto auch den erhaltenen Brief – mit einem durchaus geklärten und nicht alltäglichen Standpunkt in Bezug auf einen Künstlernachlass – veröffentlichen dürfe, erhielt ich folgende Antwort:

Lieber Herr Zeidler, *23. August 2013*

herzlichen Dank für Ihre Reaktion. Ich bin sehr damit einverstanden, mich zu zitieren. Wir leben, hier in Europa, in einer nie gekannten friedvollen Zeit mit großem Wohlstand. Der persönlichen Entfaltung sind kaum Grenzen gesetzt. Dieser Zustand macht mich sehr dankbar. Die Besonderheiten meines Lebensstils werden, wie bei jedem anderen mit seinem besonderen Lebensstil, am Ende enden. Gut so. Den nachfolgenden Generationen sollten wir viel Luft und Raum für deren Entwicklung lassen.

Herzliche Grüße
Ihr Wolfgang Körber

Im Zusammenhang mit unterschiedlichen Modellen zum Umgang mit einem Nachlass und im Hinblick auf ein temporäres Geschehen möchte ich diese beiden Briefe, für die ich sehr dankbar bin, ohne Kommentar stehen lassen. Sie können auch Anregung sein, sich seinem eigenen Tun möglicherweise ganz anders zu nähern, als man dies bisher getan hat. Es wäre allerdings falsch, die in den Briefen zum Ausdruck gekommene Haltung als beispielgebend für andere

Kolleginnen und Kollegen zu betrachten. Jeder und jede Einzelne wird sich des Wertes der eigenen Arbeit und des eigenen Werkes bewusst sein wollen, er oder sie wird entsprechend der persönlichen Vorgaben ein Verfahren wählen wollen, das der eigenen Künstler-Persönlichkeit im Nachlass allumfassend gerecht wird. Unabhängig davon, wie sich der Künstler oder die Künstlerin auch immer entscheiden wird – wichtig scheint auch hier die Kommunikation und die Festschreibung einst getroffener Entscheidungen. Egal, ob man sich für die Vernichtung oder das kommentarlose Überlassen entscheidet, ob es auf den sortierten Nachlass oder auf eine mit Gleichgültigkeit belassene Tatenlosigkeit hinauslaufen wird: Es ist an den Kolleginnen und Kollegen, sich selbst bewusst auf den kommenden Umgang mit dem geschaffenen Werk vorzubereiten.

»Das ›verlorene Bild‹ könnte zu einer Metapher für einen Neubeginn werden – wohl erahnend, dass es auch ein Glück sein kann, anderen und sich selbst die Aufregung des Suchens und Forschens aufs Neue anzubieten.«

Das verlorene Bild

Generationen von Künstlerinnen und Künstlern haben das Schaffen von Bildnissen jedweder Art geprobt und verwirklicht, indem sie Visionen und Phantasien entwickelt, verworfen, Zerteiltes wieder neu zusammengesetzt haben. Ein nicht unerheblicher Teil künstlerischer Arbeit besteht aus der kreativen Rekonstruktion von Vorstellungen zu fiktiven und bereits existierenden sowie verloren gegangenen Bildern. Die Kunst und die Erfindung von neuen Kunstwerken beschäftigen sich zu einem Großteil mit zusammengetragenen Versatzstücken, die aus dem Fundus der eigenen Imagination und aus einer erneuten Vermengung bereits existierender Bildnisse bestehen. Verbunden mit dem nachvollziehbaren Wunsch, sich nach dem Tode in einem für den Künstler oder die Künstlerin schlüssigen Gesamtbild zu präsentieren, bedeutet die Tatsache, sich dem Problem des eigenen Nachlasses zu stellen, auch, das eigene künstlerische Gut als eine wie auch immer geartete schlüssige Einheit präsentieren zu wollen. So werden auch zukünftige Werke – also solche, die noch entstehen werden – verständlicherweise in einem Kanon der Gedanken formuliert, die als Antwort auf eine Suche zu lesen sein werden, die dem Persönlichkeitsprofil und den künstlerischen Grundintentionen des Autors entsprechen.

Aus mehrfach bestätigter Erfahrung ist zu lesen, dass zerstörte und auf welche Art und Weise auch immer abhandengekommene Bilder Anreiz für weitere Werkgruppen waren. Das verlorene oder das entsorgte Bild steht also nicht nur für den schmerzlichen Verlust eines Werkes, sondern auch für eine inspirierende Möglichkeit, neue kreative Felder zu besetzen, die geprägt sind von der Sehnsucht und dem Wunsch nach Rekonstruktion des Verlorenen. Das Verlorene ist Antrieb für Neues.

Das ›verlorene Bild‹ ist somit nicht nur materieller Verlust, sondern ein Wegbereiter für neue künstlerische Findungen – Findungen, die aus Scheu vor der Zerstörung eines Werkes gegebenenfalls nicht erlebt werden. Diese Erkenntnis teilen unzählige Kolleginnen und Kollegen, und hier bietet sich die Möglichkeit einer intensiven Rückschau wie der Besinnung auf einst gefundene Kunstgedanken. Ähnlich einer Klärung kann das Ablegen oder Zerstören von Werken auch wie eine Heilung oder Erleichterung gelesen werden: Der Künstler oder die Künstlerin wird frei, um neue Felder zu entdecken. Neben der Befreiung von dem, was als Last empfunden wurde, bietet die Palette der emotionalen, intellektuellen und künstlerischen Ereignisse ein breit gefächertes Band an Erfahrungen, das sich aus dem Reproduktionswunsch von einst zerstörten Werken entwickeln kann. Die gewonnene Inspiration aus einem verlorenen Bild wird von Künstlerinnen und Künstlern nicht unterschätzt, auch scheint diese Erkenntnis wichtig zu sein für Folgegenerationen von Kollegen und Kunsthistorikern.

Ein deutlicher Schwerpunkt kunsthistorischer und kunstwissenschaftlicher Arbeit liegt nachhaltig darin, in detektivischer Kleinarbeit Fakten und Daten zu ›verlorenen Bildern‹ zu sammeln, um daraus manch vage Interpretation des Werkes von verstorbenen Künstlern und Künstlerinnen zu entwerfen. Auch sind Versuche bekannt, die das Gesamtwerk und die Gedanken der Verstorbenen erneut zu fassen versuchen. Die Faszination der Kunstarchäologie und das damit verbundene, nahezu kriminalistisch notwendige Gespür waren über Generationen hinweg Anreiz und Phantasie forderndes Arbeitsfeld von Wissenschaftlern sowie Künstlerinnen und Künstlern gleichermaßen. Sich den Zeugnissen unterschiedlicher Menschheitsperioden anzunähern, in zahllosen Abhandlungen diese gewonnenen Erkenntnisse der Gesellschaft zum besseren Verständnis vorzulegen und zu weiteren Überlegungen oder auch Folgerungen freizugeben – das beeindruckt und begeistert viele, die sich auf die Suche nach Verlorenem begeben.

Recherchen, die die Vorstellungskraft fördern, haben viele Generationen in Atem gehalten. Das ›verlorene Bild‹ war Anlass zu Spekulationen, aber auch Grundlage für unendlich viele, die Menschheit bewegende Kunstwerke. Die Tatsache, dass Dinge verloren gegangen sind und nur noch als fiktive Werke frei in unserer Phantasie existieren, ist Fundus und Schatz zugleich – ein Fakt, der unzählige Kreative zu künstlerischen Leistungen antreibt. Unsere Vorstellungskraft macht unser Leben um ein Vielfaches reicher und die nahezu geheimnisvoll anmutende Bewältigung des ›verlorenen Bildes‹ ist über Jahrhunderte hinweg immer wieder ein Motor für unsere Kultur gewesen, den ich als Künstler nicht missen möchte.

Das ›verlorene Bild‹ könnte im Zusammenhang der Nachlassdebatte – angesichts der beschriebenen, fast mystisch anmutenden Vorgänge – beinahe als eine Aufforderung an den Künstler oder die Künstlerin erscheinen, sich der Nachwelt nur in Fragmenten oder geringen Konvoluten zu präsentieren.

In Anbetracht der Verlockung, die ein eventuell zu entschlüsselndes Geheimnis ohne Frage bietet, könnte ein nacktes, bis in sein letztes Detail dokumentiertes Werk und das bereits explorierte Arbeitsfeld eines Verstorbenen für unsere Nachfahren zu einem Werk werden, das vielleicht kaum Interpretationsspielräume anbietet. Innerhalb eines so erschlossenen Werkes ist dem Anspruch auf Vollständigkeit zwar Genüge getan worden, doch der Eros des Werkes wurde unter Umständen entzaubert – in Folge bleibt das Geschaffene möglicherweise ohne jedwedes Geheimnis.

Die Aufforderung, den eigenen Nachlass zu sortieren und damit das Verhältnis zu einem eigenen Testament ansatzweise zu klären, könnte die Begeisterung für das Phänomen des verloren gegangenen Bildes anfachen. Dies wiederum könnte gleichermaßen den Autor und auch die Nachfahren zu neuen Bildern und Phantasien anregen. Ein geklärtes Verhältnis zu dem Verlust und die Erkenntnis, dass etwas Verlorengegangenes bei dem Künstler oder der Künstlerin, den Erben und nachfolgenden Generationen möglicherweise die vergnügliche Lust auf Neues schürt, kann Anreiz und Hilfe zur Überwindung sein, sich in der Größe des Nachlasses bewusst zu bescheiden. Die Tatsache, dass dem Verlust bei allem Schmerz auch ein Loslassen und befreiender Moment innewohnt, kann vielleicht sogar Aufforderung zu manch radikalerer Entscheidung sein, als es bisher intendiert und praktiziert wurde.

Das ›verlorene Bild‹ könnte so zu einer Metapher für einen Neubeginn werden. Es könnte manchen die Angst nehmen, zwanghaft an Dingen festhalten zu müssen, und es könnte die Sorge um ›Materialberge‹ vergessen machen. Das ›verlorene Bild‹ könnte zu einer Metapher für einen Neubeginn werden – wohl erahnend, dass es auch ein Glück sein kann, anderen und sich selbst die Aufregung des Suchens und Forschens aufs Neue anzubieten.

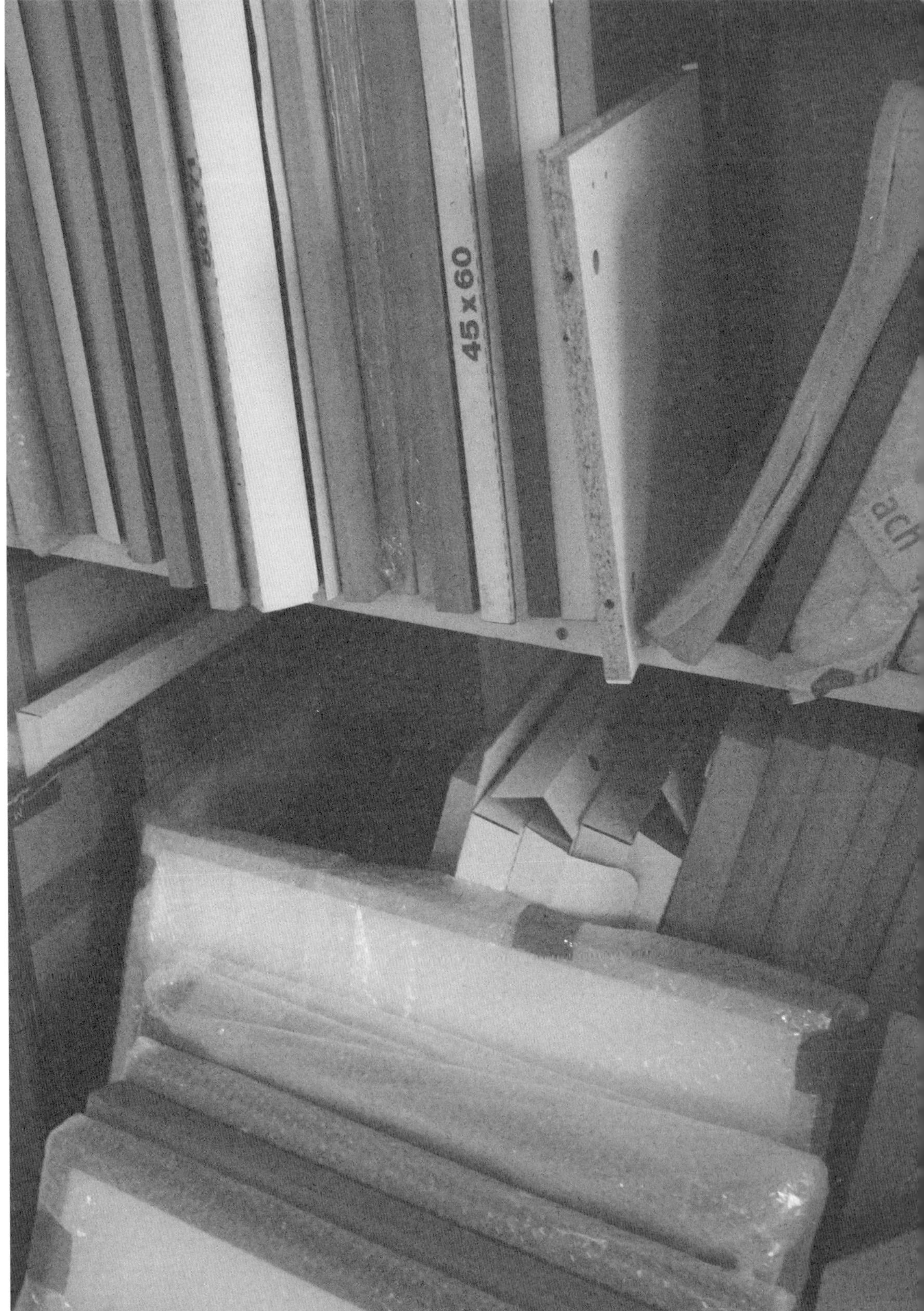
45 x 60

»Nachlässe zu sortieren und den damit verbundenen möglichen Verlust von künstlerischer Leistung zu erleben, bedeutet für viele Kolleginnen und Kollegen auch einen großen Verlust an Lebenssicherheit.«

Der Stempel des Versagens

Nachlässe können, so belastend sie als ›Materialberge‹ auch immer sein mögen, einen veritablen Akzent auf das Schaffen eines Künstlers oder einer Künstlerin setzen. Darüber hinaus kann sich die Anerkennung der Arbeiten durch Aufnahme in eine prominente Sammlung oder ein bekanntes Archiv verstärkend und euphorisierend auf den Nachlassgeber auswirken. Nicht selten ist der Versuch zu beobachten, eine Verbindung zu einer bedeutenden Kunstsammlung herzustellen und damit das eigene Werk bereits zu Lebzeiten vor dem Hintergrund der vermeintlichen Unsterblichkeit der Dinge als beachtenswert zu manifestieren. Leitend ist der Wunsch, auf diese Weise das eigene Lebenswerk als gelungene Lebensleistung zu erfahren. So wünschenswert dieses Erlebnis einer positiven Bewertung des eigenen Werkes auf der einen Seite auch sein mag, so niederschmetternd ist es auf der anderen Seite oftmals für all diejenigen, deren Nachlassprobleme sich ungelöst zeigen und die sich mit Ratschlägen des Entsorgens und Vernichtens konfrontiert sehen. Verbunden mit familiärer Ablehnung oder einem Desinteresse der Nachfahren, sich für das Werk einzusetzen, endet die Auseinandersetzung mit der Nachlassfrage für die betroffenen Kolleginnen und Kollegen nicht selten in Depressionen und Ohnmacht angesichts der schier unlösbar scheinenden Problematik.

Die Situation zwischen einem anhaltenden Schaffensdrang und dem Gefangensein in der aussichtslosen Konfrontation mit dem eigenen Nachlass ist für viele Künstlerinnen und Künstler ein Drahtseilakt. Er endet nicht selten mit dem Absturz in einen tiefen Abgrund voller Unglück und führt angesichts des Todes zu großer Trauer und einem Gefühl, versagt zu haben. So sehr das gesamte Lebenswerk zu Lebzeiten des Künstlers oder der Künstlerin eine Standortbestimmung gewesen sein mag, so wenig sind die künstlerischen Beweggründe in ihrer ganzen Ausprägung und ihrem psychischen Gewicht oftmals für Angehörige und Nachlassnehmer nachvollziehbar. Hier erscheint ein dringender Dialog im Hinblick auf die Gewichtung und die persönliche Selbsteinschätzung des Künstlers oder der Künstlerin vonnöten – mehr als das einfache, lediglich mit organisatorischen Hürden belegte Strukturieren eines anstehenden Nachlassproblems.

Losgelöst von der vermeintlichen Selbstverständlichkeit der eigenen Vergänglichkeit in vergangenen Epochen, formuliert sich heute ein künstlerisches Werk auch durch das Erarbeiten einer Haltung zu unterschiedlichen intellektuellen sowie psychischen und sozialen Themen. Auf diese Weise kann die Selbstverwirklichung innerhalb eines Werkes auch den Charakter einer Selbstfindung annehmen, die den Protagonisten ein Leben lang, ja bis in die letzten Todesstunden begleitet.

Die Kunst stellt dann im Extremfall selbst ein Substitut zur Bewältigung existenzieller Ereignisse dar. Gerade diejenigen Werke, die sich durch hohe psychische Intensität auszeichnen, hätten ohne den Handlungszwang nie und nimmer die ausgewiesene Bedeutung erlangt – auch dann nicht, wenn die dahinter stehenden Konflikte auf nur mehr intellektueller oder sprachlicher Ebene abgehandelt worden wären. Oftmals sind für diejenigen Künstlerinnen und Künstler die Lebensumstände derart bedrohlich, dass die Lebensbewältigung sich auf dem Gebiet der Kunst abspielen muss. Aus Überzeugung oder gar aus Angst vor etwaigen nicht einzuschätzenden Folgen für das eigene Werk können von derart agierenden Kolleginnen und Kollegen keinerlei Ausweichstrategien in Bezug auf Organisation oder einen möglichen Nachlass in Erwägung gezogen werden. Es liegt in der Qualität des menschlichen, künstlerischen Arbeitswillens, dass sich Phantasien und Haltungen aus unterschiedlich prägenden Vorgaben der persönlichen Geschichte entwickeln und sich deren Verarbeitung und Klärung in künstlerisch gestalteten Produkten wiederfinden. Diese Vorgaben haben sich bei den Kolleginnen und Kollegen in der Materialisierung der Vorstellungen sowie der möglichen Kompensationen von existenziellen Zwängen und Nöten entwickelt. Angesichts dessen scheint es nahezu unmöglich, den Nachlassgedanken sachlich zu diskutieren, ohne damit zugleich die Vernichtung oder die Aufgabe eines das Leben stabilisierenden Arbeitens zu provozieren.

Nachlässe zu sortieren und den damit verbundenen möglichen Verlust von künstlerischer Leistung zu erleben, bedeutet für viele Kolleginnen und Kollegen auch einen großen Verlust an Lebenssicherheit – einer Sicherheit, die lebens- und schaffensprägend sowie stabilisierend zugleich war und das Künstlerdasein lange bestimmt hat. Vor diesem Hintergrund ist die drohende Vernichtung von Teilen eines Nachlasses oder in seiner Gesamtheit einem völligen Verlust der Identität und einem kompletten Versagen gleichzusetzen, das in der rein sachlichen Organisation des Nachlasses nicht gelöst werden kann. Bei aller Nüchternheit, die das Regeln des Nachlasses oftmals verlangt, können wir nicht außer Acht lassen, dass es gerade die Unsicherheit der menschlichen Existenz war, welche die künstlerische Leistungen hervorgebracht hat. Angesichts dessen kommt man bei einer drohenden Nachlassorganisation schnell an die Grenzen des Machbaren, weil ein Sortieren als ein Scheitern des gesamten Lebens empfunden werden kann. In Anbetracht der drohenden Ungewissheit des eigenen Todes – der in seiner Macht nahezu prädestiniert sein müsste, um ihm kreativ und in künstlerischer Entgegnung gegenüberzutreten – kommt das Aufgeben des künstlerischen Arbeitens und damit das Wegfallen einer Kompensationsmöglichkeit einem persönlichen Desaster gleich. Dieses kann durch pragmatische Vorschläge des sozialen Umfeldes oder von Verwandten nicht relativiert und geglättet werden.
Eine vermeintlich sinnvolle Organisation, die verbunden ist mit der Klärung und dem Aussortieren eines Nachlasses, kann unter Umständen dem psychischen Druck des Autors in keiner Weise

Rechnung tragen. Entsprechend sind Nachlassnehmer aufgefordert, die sachlichen Ebenen im Umgang mit der Lösungsfindung auch der Tatsache unterzuordnen, dass Kunst für den Produzenten eine Lebensbewältigung darstellt und dass das Beherrschen des eigenen Nachlasses damit eng verknüpft sein kann. Auch sollte berücksichtigt werden, dass die Aufforderung, man möge sich von seinem Werk lösen und sich bereit machen für ein geklärtes, geordnetes Abtreten von der Weltenbühne, aufgrund der angesprochenen Vorgaben auf vollkommenes, erschrockenes Unverständnis stoßen kann.

So sehr Selbstwertgefühl und Selbstverwirklichung in Künstlerbiografien miteinander verknüpft sein mögen, so sehr scheint die Gesellschaft, insbesondere die Kunstakademien und Künstlerverbände, gefordert, sich im Hinblick auf die Nachlassproblematik der Diskussion anzunehmen und sich um einen intensiven Gedankenaustausch zu bemühen. Auch wenn sich die Gesellschaft diesem Problem gegenüber sensibel verhält, ist der ureigene Konflikt des Künstlers oder der Künstlerin ob des Loslassens ohne den Verlust eines Selbstwertgefühls kaum zu lösen. Eine pietätvolle Annäherung schon zu Lebzeiten scheint wie die notwendige Reflexion des eigenen Ablebens selbstredend und unabdingbar zu sein. Es ist hier klar von einer Verpflichtung im Sinne einer sozialen Versorgung für einzelne Glieder unserer Gesellschaft zu sprechen. Sowohl das soziale Umfeld als auch die öffentliche Hand sind aufgefordert, Hilfestellung zu leisten und den Kolleginnen und Kollegen als Gegenleistung für den Genuss und das Vergnügen, das sie einst durch das Betrachten der ausgestellten Werke erfahren haben, mit Fürsorge zu begegnen.

»Allein die akademische Sammelleidenschaft von Dokumenten, die die Vollständigkeit eines Lebenslaufs bekunden können, ist kein Ersatz für das Erleben von Originalkunstwerken und die unmittelbare Konfrontation mit diesen.«

Das digitale Missverständnis

Die Älteren unter uns und die Experten werden sich noch an den ›Michel‹ erinnern – ein umfangreiches Nachschlagewerk für Philatelisten, die ihre Briefmarkensammlungen mittels Fakten und Abbildungen taxieren konnten, um ihr Sortiment unter Umständen mit dem ein oder anderen guten Stück zu vervollständigen. Dank des ›Michel‹ gewann die Idee der umfangreichen, wenn nicht gar vollständigen Sammlung von Briefmarken eine Gestalt. Er war ein Werkzeug, um sich hinreichend zu informieren, und mit dem Katalog wurde die Recherche nach Exoten häufig in erfolgreiche Bahnen gelenkt oder gar erst angestoßen. Ein vergleichsweise ähnliches Phänomen finden wir bei Datenbanken im Internet oder in gesondert ausgewiesenen Kunstbibliotheken, die sich darauf spezialisiert haben, Informationen über bestimmte Künstlerinnen und Künstler zusammenzutragen und einem fachinteressierten Publikum zur Verfügung zu stellen. Allen Beteiligten war schon vor Beginn der Einrichtung solcher Datenbanken klar, dass es sich hierbei ausschließlich um ein Werkzeug für entsprechende Recherchen handeln konnte. Ein Ersatz für die Rezeption, den Genuss oder die tatsächliche Begegnung mit einem Kunstwerk war von vornherein ausgeschlossen. Die Gründer solcher Datenbanken waren sich darüber im Klaren, dass ein visueller, möglicherweise sogar haptischer Genuss, eine Konfrontation mit Material, Form, Lichtspiel sowie eine Begegnung mit Größe und Dimension nie und nimmer in den Abbildungen der Werke zu erreichen wären. Man war sich einig, dass die Rezeption von Kunstwerken generell nicht über Abbildungen und Reproduktionen – so gekonnt sie auch immer hergestellt sein mögen – erfolgen kann. Ausgenommen sind hier selbstverständlich Kunstwerke, die sich exakt dieser digitalen Mittel bedienen und die speziell auf derartige Rezeptionen ausgelegt worden sind. Nicht erst seit Rudolf Steiner haben Gestalttherapeuten die Wichtigkeit des Umgangs mit dem Material bei kreativen Prozessen erkannt. Das Abenteuer des künstlerischen Gestaltens ist neben der Haltung des Künstlers oder der Künstlerin zum Werk von dem Erkennen des Materials getragen, mit dem gestalterische Prozesse beeinflusst und geleitet werden. Es ist ein Unterschied, ob ich ein Bild mit trockener Eitempera male oder mit Ölfarbe nass in nass komponiere. Allein die Wertigkeit unterschiedlicher Werkstoffe ist prägend für Gemeinsamkeiten und Gegensätzlichkeiten, die zum Ausdruck kommen können. Auch das handwerkliche Eingreifen und Hinterlassen von Spuren sind Indizien für einen künstlerischen Prozess des Suchens und Findens. Wer wollte leugnen, dass die Messerschnitte in den Bildern von Lucio Fontana nicht treffender beobachtet und empfunden werden können als im Original? Die Rezeption und der Kunstgenuss sind allein im Original zu finden, so lange die Arbeiten mit anderen Mitteln als im digitalen Medium erschaffen worden sind. Dies zeigt in aller Deutlichkeit die Einschränkungen digitaler Konzepte für Archive und Nachlassprobleme, denn allein die Sammlung von Originalen kann Zeugnis oder Auskunft geben über das von Künstlerinnen und Künstlern Geschaffene. Eine bloße Archivierung wird nie und nimmer ein Substitut für ein Original sein können.

Die vermehrt auftretende Meinung von Kuratoren und Politikern, man könne das Archivieren von Kunstwerken aufgrund der hohen Platzanforderungen in Gänze dem digitalen Medium übereignen und in Folge die Originale einem geklärten Schicksal preisgeben, offenbart sich bei genauerem Betrachten als fatale Fehleinschätzung. In diesem Zusammenhang muss für Werkkataloge in digitaler Form grundsätzlich eine andere Voraussetzung gelten als für die Überlegungen zu einer Sicherung der Originale in einem Nachlassarchiv. Reprografien können – bei aller Verlockung, damit der Raumfrage vermeintlich Herr zu werden – keine Alternative zu einer Sammlung von Originalen sein. Die akademische Sammelleidenschaft von Dokumenten, die die Vollständigkeit eines Lebenslaufs bekunden können, ist kein Ersatz für das Erleben von Originalkunstwerken und die unmittelbare Konfrontation mit diesen. Vor diesem Hintergrund ergibt sich für Nachlassgeber und -nehmer gleichermaßen die bereits mehrmals angesprochene Notwendigkeit, sich dem Problem der Originale anzunehmen und diese Frage zu verhandeln. Welche Entscheidungen von der Künstlerin oder dem Künstler auch vorausgedacht worden sind, welche Überlegungen sich die Angehörigen oder die Erben auch immer machen werden: Allein das Original wird Auskunft geben über die Zeitzeugenschaft und den künstlerischen Impetus, der sich in der jeweiligen Materialfindung niedergeschlagen hat. Selbst wenn der Nachlassgeber sich dazu entschlossen haben sollte, die Kunstwerke allesamt zu vernichten, um der Nachlassfrage aus dem Wege zu gehen, und allein ein Werkverzeichnis für die Recherchen zurückbliebe, das sich lediglich als Dokumentation der Ideensammlung eines kreativen Schaffens auszeichnet, müssen wir uns immer dessen gewahr sein, dass die Ideenskizzen in digitaler Form nur mehr blasse Schemen des eigentlichen künstlerischen Œuvres sein werden.

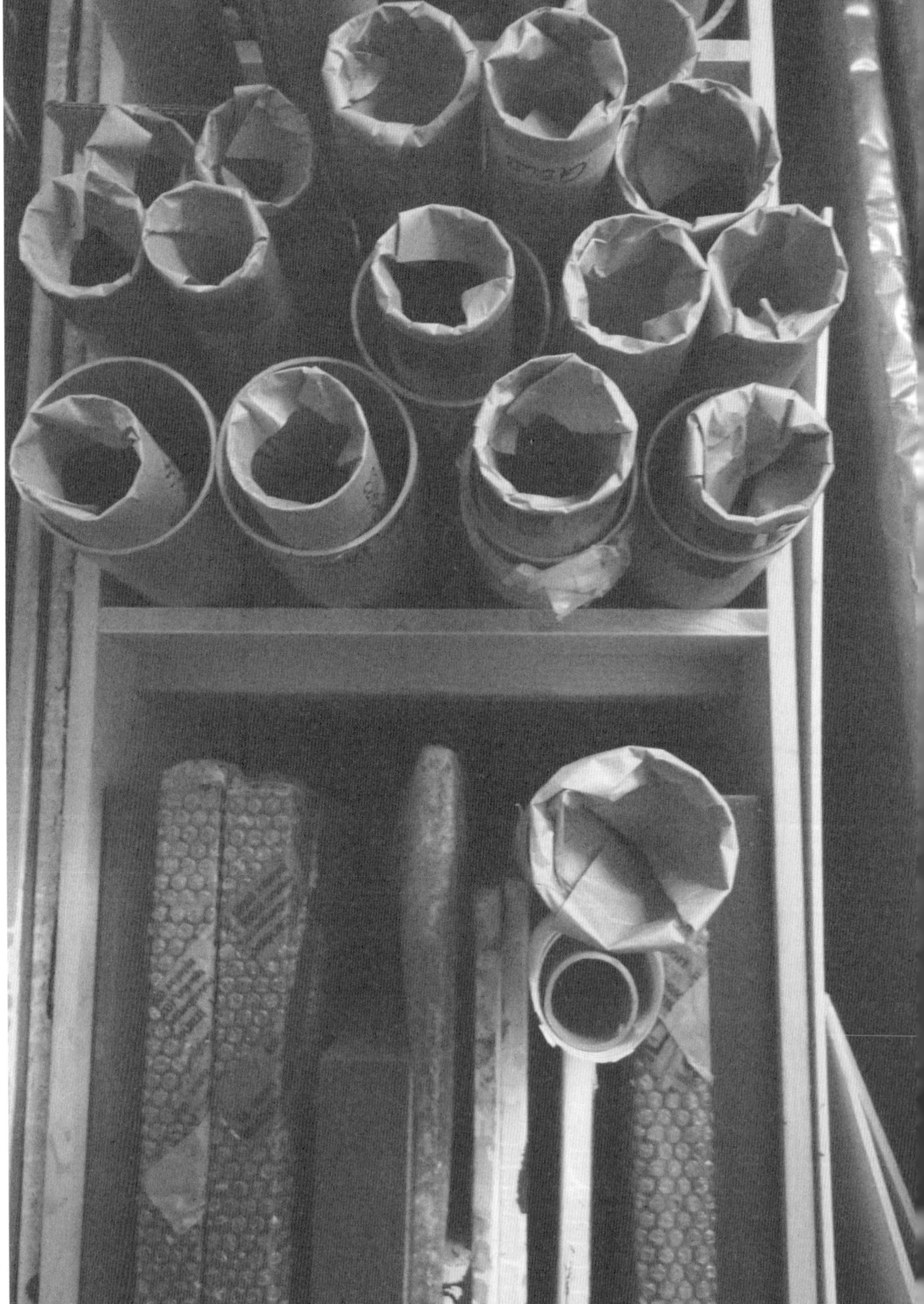

»Künstlerinnen und Künstler sollten sich der Tatsache annehmen, dass die Empathie für das eigene künstlerische Tun, für das entstandene Werk nicht immer von den Erben geteilt werden wird und private Erbnehmer trotz eines pietätvollen Umgangs mit einem Verstorbenen das Recht haben dürfen, ein künstlerisches Erbe nicht ihr Eigen nennen zu wollen.«

Die vererbte Autorschaft

Nachfolgende Überlegungen sind eher den Erbnehmern gewidmet, wiewohl sich der Künstler oder die Künstlerin von Zeit zu Zeit einmal in die Lage der Erben versetzen sollte, um den Berg an Arbeit einzuschätzen, der sich einmal vor den vielleicht überraschten Nachlassnehmern auftürmen wird. Sicherlich wird die Klärung eines Künstlernachlasses unter der Regie der Künstlerinnen und Künstler eine Idealvorstellung bleiben, da inhaltliche Aspekte für die Konservierung von Teilbeständen oder gar des Gesamtwerkes letztlich nur von den Autoren selbst profund geleistet werden können, aber auch ein plötzliches Ableben oder ein Unfall können Ursache für das Hinterlassen ungeordneter Nachlässe sein. Selbst der vermeintlich gut

organisierte Künstler kann seine Erben in unvorhergesehene Verwirrungen und Aufgaben stürzen.
Jahr für Jahr sehen sich unzählige Erben der Herausforderung ausgesetzt, einen Nachlass organisieren zu müssen. Abgesehen von eventuellen Streitigkeiten zwischen den Erben untereinander wird sich die Einordnung des Werkes aus kaufmännischer oder gar juristischer Sicht oftmals einfacher gestalten als seine inhaltliche Einschätzung. Dennoch ist das plötzlich aufkommende Arbeitsvolumen sicherlich zu diskutieren, stellen Energie und Leistungsaufwand doch ohne Frage auch eine zeitliche Einschränkung dar: Das seinerzeit für den Künstler oder die Künstlerin selbstverständliche Tagesgeschäft kann nicht aus dem Stand von einem berufstätigen Erben übernommen werden. Wie schon mehrmals angemerkt, wird ein Nachlass, der bereits zu Lebzeiten organisatorisch aufgearbeitet und auch inhaltlich weitgehend betreut worden ist, eine solide Grundlage für die Erbengemeinschaft im Hinblick auf die weitere Versorgung des Werkes bieten. Dennoch kennen wir aus Erfahrungen und Berichten kaum einzugrenzende Katastrophen, die sich einstellten, nachdem ein Künstler oder eine Künstlerin plötzlich verstorben war. In diesen Fällen hatten weder die Autoren noch die Erben beizeiten eine Vorstellung davon entwickeln können, was ein vererbter Nachlass an Arbeitsleistung und Anforderungen abverlangen würde. Die Verantwortlichen, wie Anverwandte, Beauftragte oder Freunde, sehen sich in einer kaum einzuschätzenden Pflicht. Und jeder Künstler, jede Künstlerin sollte sich den unüberschaubar scheinenden Berg an Verpflichtungen und Aufgaben vergegenwärtigen, vor dem Nachlassnehmer

im Moment der Erbannahme stehen – eine solche Bewusstmachung seitens der Künstler macht die Aufforderung verständlich, den eigenen Nachlass vor dem Tode geregelt zu haben, um den Nachfahren nicht eine kaum zu tragende Bürde aufzulasten. Jeder, der einmal einen Haushalt auflösen musste, weiß, wie viel Arbeit nötig ist, um dem Vermieter eine Wohnung besenrein zu überlassen. Unabhängig von dem zu klärenden Gesamtnachlass, der in seiner Organisation nicht selten einer doppelten Haushaltsauflösung gleichkommt, muss alles in Augenschein genommen, muss der Bestand an Kunstwerken zunächst einmal gesichtet und geordnet werden. Dass dabei die steuerliche und finanzielle Betreuung des Nachlasses ebenfalls viel Zeit und Energie in Anspruch nimmt, darf bei der Aufwandseinschätzung nicht außer Acht gelassen werden.

Jeder, der einmal mit einem Atelier umgezogen ist, weiß, in wie vielen stillen Ecken sich längst vergessene Schätze verstecken. Er weiß auch, wie viel Zeit erforderlich ist, diese Dinge allein zu bewegen. Ein jedes will mindestens einmal in die Hand genommen werden – und wenn wir von einer Katalogisierung sprechen, wird für ein sorgfältiges Aufarbeiten eines Nachlasses auch ein fotografisches Dokumentieren unausweichlich sein. Das Sichten eines Ateliers benötigt Zeit und Energie. Je chaotischer sich im Laufe der Jahre die Wirkungsstätte entwickelt hat, desto größer wird für die Nachfahren der Aufwand sein, das Werk zu sondieren, um letztendlich zu einer inhaltlichen und organisatorischen Klärung zu gelangen. Diese Klärung, mit der auch eine Bewertung der Einzelstücke einhergeht, wird neben der reinen Räumungsarbeit die schwierigste aller anfallenden

Aufgaben sein. Schließlich lassen sich erst mit der Zeit Kriterienkataloge aufstellen, die den Erben annähernd in die Lage versetzen, Gewichtungen vorzunehmen. Gespräche mit Experten, Freunden und Weggefährten werden darüber hinaus nötig sein, um Dinge zeitlich und inhaltlich einzuordnen.

Nur in den seltensten Fällen wird man auf ein Atelier treffen, das nur noch wenige Stücke beherbergt, weil sich die wichtigsten Arbeiten bereits in Sammlungsbeständen und Museen befinden. In den meisten Fällen wird man in einem Atelier eine Ansammlung von Werken entdecken, die notwendig waren, eine künstlerische Suche voranzutreiben. Die Wirkungsstätte wird zumeist ein Lager aus Arbeiten sein, die für den Künstler oder die Künstlerin als Orientierungspunkte für den Lebensweg wichtig waren. Zudem wird es Werke geben, die sich im einfachen Transfer zwischen Atelier und möglichen Ausstellungsorten bewegt haben.

Ein einfacher Weg zur Klärung des Nachlasses, sprich zur Einschätzung der Werke wird sein, sich an Verkäufen und möglichen Veräußerungen oder einst gezeigten Ausstellungen zu orientieren. Dieses Vorgehen ist sicherlich gängige Praxis. Zumeist werden die Stücke auf ihren möglichen Wert hin taxiert und ihr Zustand im Hinblick auf eine nötige Restaurierung geprüft. Allerdings zeigt die Erfahrung, dass gerade bei Nachlässen von weniger bekannten Künstlerinnen und Künstlern allein merkantiles Interesse nicht unbedingt der richtige Ratgeber sein wird. Denn die Zusammenfassung eines Lebenswegs und damit einer künstlerischen Gesamtleistung ist in diesen Fällen weitaus komplizierter zu fassen als die Sichtung eingegangener Zahlungen von Käufern, die hier häufig nur vereinzelt vorliegen. Oft sind merkantil weniger erfolgreiche Werkkomplexe durchaus im Hinblick auf ihre Zeitzeugenschaft interessant. Manchmal werden diese Arbeiten aus kunsthistorischen Gründen weitaus wichtiger für eine profunde Nachlassaufarbeitung sein als ein am Kunstmarkt gesichertes Werk eines bekannten und erfolgreichen Protagonisten.

Grundsätzlich aber sollte jeder davon ausgehen, dass die meisten Arbeiten sicherlich in einem Geist entstanden sind, der nicht pekuniär orientiert war. Das Schaffen von Kunstwerken bewegt sich nicht grundsätzlich in einem merkantilen und finanziell besetzten Raum; zumindest gilt dies für einen Großteil der Künstlerinnen und Künstler, die in abendländischer Tradition an Hochschulen geprägt worden sind. In Amerika mag dies anders bewertet werden, doch müssen Kreativität und die Suche nach bildnerischer Befriedigung heute seriöserweise zunächst einmal immer noch außerhalb von materialistischen Interessen angesiedelt werden. Das Entstehen des Werkes selbst, der Akt der Findung sollte genauso wie ein später zu ordnender Nachlass im Idealfall unabhängig von einer anschließenden Vermarktung und damit wertfrei bemessen werden. Oder anders ausgedrückt: Kreativität und Phantasie eines Künstlers oder einer Künstlerin bewegen sich zunächst einmal in einem Raum, der sich idealerweise nicht an merkantilen Größen orientiert. Daraus ergibt sich zwangsläufig die Empfehlung an den Erbnehmer, sich einem Werk gleichermaßen anzunähern.

Ich persönlich würde mich freuen, wenn meine Erben meine eigene Arbeit im Gesamtkontext verstehen und lesen, wenn sie sich an den Eckpunkten der künstlerischen Aussagen orientieren würden und sich die Zusammenstellung eines Kernkonvoluts aus derlei Erkenntnis ergäbe. Dass dabei das ein oder andere Stück unerkannt bleiben, ja möglicherweise der Entsorgung anheimfallen wird – das muss ich als traurige, aber unausweichliche Konsequenz lernen hinzunehmen.

Für alle Betroffenen von Nachlässen – für den professionellen Nachlasshalter ebenso wie für den privaten und vielleicht unbedarften Erben – gilt, dass das Sortieren und Einordnen immer nur eine Annäherung im Hinblick auf den Umgang mit einem Werk darstellen wird. Jeder Versuch, ein Werk in seiner Komplexität zu fassen, kann kaum an den tatsächlichen Vorstellungen des Autors gemessen werden. Viel zu eigen sind die Vorstellungen von Künstlerinnen und Künstlern. Wer einmal eine Ausstellung oder eine Präsentation zusammen mit dem Verfasser des Werkes erleben durfte, wird sich daran erinnern, dass wohlmeinende freundschaftliche Vorschläge (zum Beispiel zur Hängung von Bildern) zum Schluss immer noch einmal – vielleicht gar überraschend – von dem Künstler selbst korrigiert wurden.

Angesichts der Tatsache, dass Erben immer nur einen Kompromiss in Bezug auf die Vorstellungen der Künstlerin oder des Künstlers erreichen können, scheint beim Umgang mit der Überlassenschaft lediglich ein gehöriges Maß an selbstkritischer Haltung der beste Ratgeber, um dem Werk so weit wie möglich gerecht zu werden. Dass so gewonnene Einschätzungen immer auch von der emotionalen Verbindung zum Autor geleitet sein werden, scheint im Zusammenhang mit allen Imponderabilien einer Nachlasspflege eine beinahe selbstverständliche Größe.

Der manchmal überzogen wirkende individuelle Umgang mit dem Werk eines Verstorbenen ist dabei eigentlich ein schlüssiges Fortschreiben der Biografie eines Künstlers, dessen Werk eben nicht losgelöst von der jeweiligen erbenden Person erscheinen kann. Gerade der Tod scheint hier ein entscheidender Faktor in der Verknüpfung zwischen Werk und Biografie, Aussage und Individualität zu werden – ein Faktor, der die zwischenmenschlichen Beziehungen und Prägungen mit den Erben noch einmal verstärkt oder pointiert. Das Ableben eines Künstlers oder einer Künstlerin verbindet offenbar die Eigenheiten eines Nachlasses weitaus enger mit den Nachlassnehmern, als es in einer sachlichen Nachlassdebatte gemeinhin angenommen wird.

Die Eingriffsmöglichkeiten der Erben in einen Künstlernachlass sind in der Tat umfassender: Die Möglichkeiten der bereits zitierten Autorschaft gestatten in erheblichem Maße ein Dezimieren oder ein neues Interpretieren des Gesamtwerkes. Hierzu gibt es ausreichende Belege in der Kunstgeschichte, die davon berichten, wie es zu einer Klitterung eines Werkes gekommen ist. Doch eine persönliche Besetzung des ererbten Werkes durch Gewichtung und Sortierung ist wohl ein unausweichlicher Vorgang, dem sich weder die Autoren noch Historiker und Nachlassnehmer entziehen können – so kontrovers dies auch von Außenstehenden gerne kommentiert wird.

Es ist an uns Künstlerinnen und Künstlern, ein großes Maß an Seriosität im Umgang mit Nachlässen zu fordern, allerdings kann eine dem ursprünglichen Gedanken des Künstlers oder der Künstlerin divergierende Interpretation des Nachlasses durch die Erben nicht ausgeschlossen werden. Wir sollten uns grundsätzlich mit derlei neuen Besetzungen unseres Werkes zumindest im Geiste schon einmal zu Lebzeiten anfreunden, und wir sollten auch tolerieren lernen, dass das ein oder andere Werk – möglicherweise falsch erkannt – einer achtlosen Entsorgung zugeführt werden könnte.

Bereits an anderer Stelle hatte ich den Einwand einer Zuhörerin in Hamburg erwähnt. Sie beschrieb es als Anmaßung einer Autorschaft, wenn in die Sortierung, gar in die Wertung eines Werkes eingegriffen würde. Doch stelle man sich die Schwierigkeiten vor, wollte man jeden Nachlass eines Künstlers oder einer Künstlerin unberührt und ohne jegliche Entscheidungen in Bezug auf ein wie auch immer geartetes Konvolut belassen! Vielleicht könnten sich noch die unmittelbaren Nachfahren diesem Votum anschließen, doch bereits in Folgegenerationen kann und wird der vermeintliche Tabubruch schnell zustande kommen.

Im Sinne des Bewahrens von Nachlässen ist es an den Künstlerinnen und Künstlern selbst, für ein übersichtliches Nachlasskonstrukt zu sorgen. Letztlich liegt es in ihrer eigenen Hand, welche Schwierigkeiten sie den Erben überlassen. Dabei sollten sie sich immer vor Augen halten, dass die Erben bei ihren Bemühungen und Fähigkeiten, den Nachlass zu beurteilen, sicherlich das ein oder andere Mal vor unüberwindlichen Grenzen stehen werden.

Dass die Betreuung eines Nachlasses manchmal auch mit einer nicht mehr zu tolerierenden Belastung einhergeht, die schlimmstenfalls in der Aufgabe oder Vernachlässigung eines Werknachlasses münden kann, sollte den Autoren ebenfalls immer bewusst sein. Auch Erben haben das Recht, sich nicht in den Dienst des Verstorbenen stellen zu wollen. Sie haben das Recht, »Nein« sagen zu dürfen, wenn wir ihnen einen Nachlass überlassen wollen. Die Nachlassgeber sollten sich auch im Klaren darüber sein – und dies ist in den Anmerkungen zu dem Phänomen des Loslassens bereits angesprochen worden –, dass eine allumfassende Kontrolle über den Nachlass naturgegeben grundsätzlich nicht möglich ist. Selbst raffiniert ausgeklügelte juristische Formulierungen und Forderungen können der Tatsache nicht ausweichen, dass es die Erben sind, die einstmals über den Fortbestand oder den Untergang eines Künstlernachlasses bestimmen werden. Und auch die an staatliche Einrichtungen gegebenen Nachlässe können möglicherweise einer radikalen Verwaltungsentscheidung zum Opfer fallen.

Eine Übernahme von Künstlernachlässen – ob von privater oder öffentlicher Hand – bedeutet immer ein hohes Maß an Verantwortung und diese sollte politisch, ethisch und moralisch zeitlebens von den Künstlerinnen und Künstlern eingefordert werden. Doch gibt es keinerlei Gewähr, dass der Nachlass auch weiterhin im Sinne der Autoren verhandelt wird.

Künstlerinnen und Künstler sollten sich darüber hinaus der Tatsache annehmen, dass die Empathie für das eigene künstlerische Tun, für das entstandene Werk nicht immer von den Erben geteilt werden wird und private Erbnehmer trotz eines pietätvollen Umgangs mit einem Verstorbenen das Recht haben dürfen, ein künstlerisches Erbe nicht ihr Eigen nennen zu wollen.

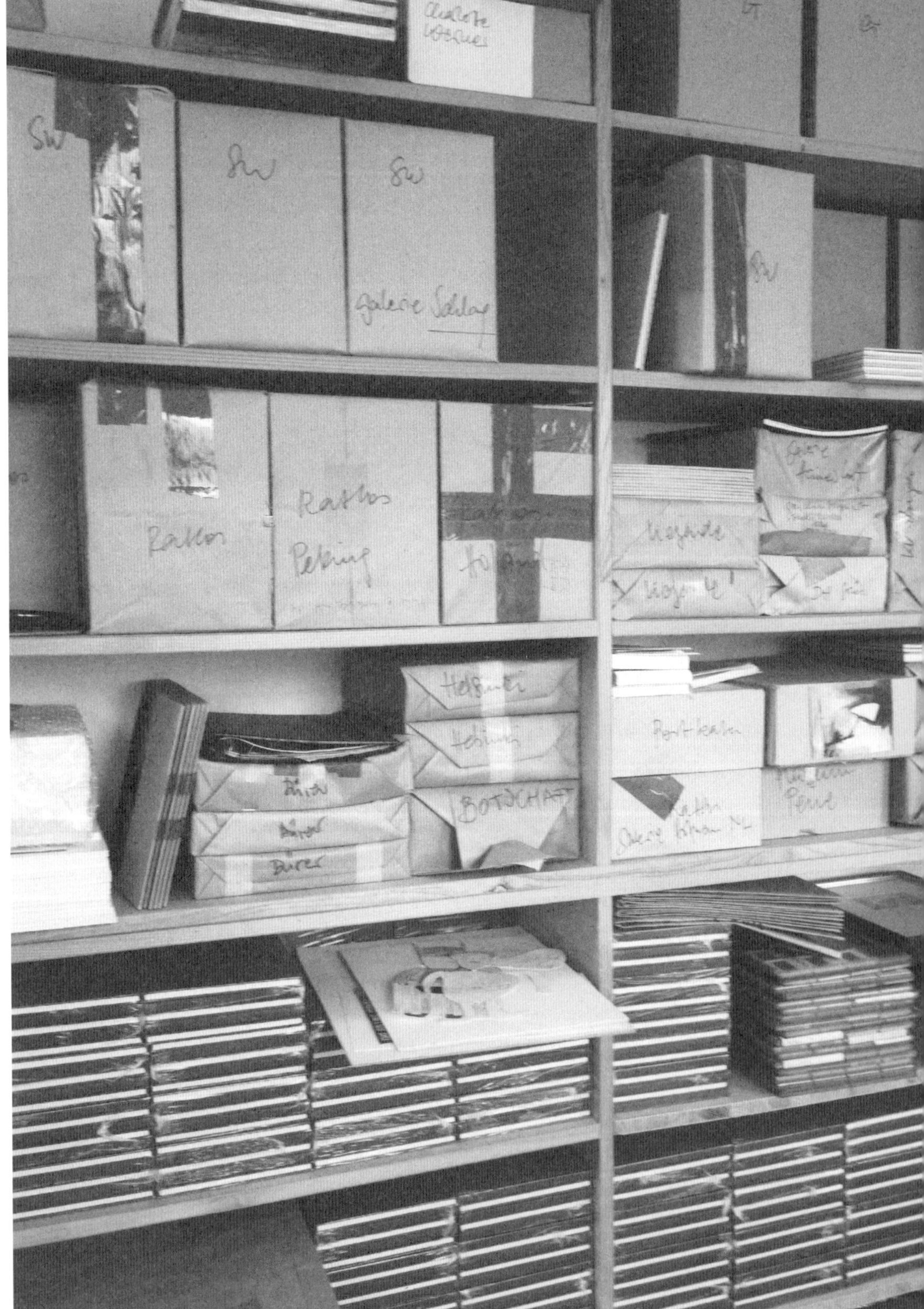
SW
Peking
BOTSCHAFT
Dürer

»Bei allem nachdrücklichen Werben für ein öffentliches Engagement für Künstlernachlässe obliegt es doch den Künstlerinnen und Künstlern, sich privat und gleichsam politisch zeitlebens für eine Nachlassregelung einzusetzen.«

Privates und öffentliches Interesse

Die Arbeit eines Künstlers oder einer Künstlerin spielt sich in der Regel im Privaten ab, doch gibt es sicherlich Ausnahmen. Akteure, die sich in Performances, in der Öffentlichkeit einfinden und ihr Werk auch dort verorten, sind in dem Findungsprozess anders zu betrachten als diejenigen, die sich im Atelier, im Studio, im Zwiegespräch mit sich selbst befinden, kurz: im Schaffensprozess allein sind. Kunst ist zunächst – schon durch das psychische Moment und die individuelle Besetzung von Themen – ein durchweg intimes Unterfangen. Viele Künstlerinnen und Künstler erleben ihre Kreativität in der Abgeschlossenheit eines Ateliers und wollen dies auch so verstanden wissen. Sicherlich bedingt die Erweiterung eines Kunstbegriffs sozial und intermediär agierende, kommunizierende und interdisziplinär arbeitende Kolleginnen und Kollegen. Doch wenn wir im klassischen Sinne Nachlässe verhandeln, die auf ein Werk zurückgreifen,

das traditionell aus Plastiken, Bildern oder Skulpturen besteht – Nachlässe also, die in Materie gebrachtes Artifizielles beherbergen sollen –, werden wir eine Ansammlung von Dingen vorfinden, die als materielle Erscheinungen erfunden worden sind; und zwar von Kolleginnen und Kollegen, die von sich behaupten würden, ihre Kunst entstünde zunächst in einem privaten Raum.
Die soziale Eingebundenheit des Künstlers in Beziehungen, Ehe, Familie und Gruppen erweitert die Runde der Angehörigen, die diesem privaten Kreis auch zugeordnet werden. Es ist der Kreis, der im Regelfall auch mit dem Nachlass beschäftigt sein wird. Hier sind Verständnis und Verabredungen angesiedelt, hier gibt es intime Absprachen und Zuweisungen, die man von Außenstehenden weniger erwarten würde. Die Gesellschaft interpretiert gemeinhin das zumeist einsame Arbeiten und die soziale Anbindung des Kunstschaffenden als etwas Privates. Entsprechend möchte die Öffentlichkeit auch Nachlassangelegenheiten im Erbfalle – wenn sie denn im Erbfalle verhandelt werden müssen – als eine Aufgabe ansehen, die vor allem den Angehörigenkreis betrifft. Gerne möchten öffentliche, gesellschaftliche Vertreter schon aus Kostengründen die Werke eines Künstlers oder einer Künstlerin ausschließlich als persönliches Interesse verhandelt sehen. Ein öffentliches Interesse scheint allein schon wegen der getroffenen Verabredung unter den Angehörigen zunächst einmal grundsätzlich ausgeschlossen; auch die Tatsache, dass der Urheber in die Öffentlichkeit tritt, Aufführungen oder Ausstellungen wahrnimmt, wird als persönliche Aktion gewertet, die darauf abzielt, dem Künstler oder der Künstlerin einen wie auch immer gearteten

Vorteil zu verschaffen. Kunst ist in ihrer Anlage und in der Unternehmerschaft offensichtlich ein zunächst einmal höchst persönliches, sprich privates Unterfangen.

Doch wie verhält sich die Gesellschaft diesem vermeintlich Privaten gegenüber, wenn sich aus den künstlerischen Behauptungen heraus ein öffentliches Anliegen, ein öffentliches Interesse oder – wie bereits in einem der vergangenen Kapitel erwähnt – eine Vorstellung entwickelt, nach der die künstlerischen Äußerungen einem kulturellen Erbe zuzuschreiben sind? Es steht die Frage im Raum, ob in diesen Fällen folgerichtig die Angelegenheit weiterhin eine private ist oder ob sie zukünftig öffentlich bestellt werden muss. Folgerichtig wäre, dass die Behauptung eines erkennbaren gemeinschaftlichen Interesses nach sich zöge, dass sich die Gemeinschaft mit all ihren Möglichkeiten für die Erhaltung eines so deklarierten Werkes einsetzen muss. Weiterhin ergibt sich die Fragestellung, ob im Falle eines öffentlichen Interesses die Anverwandten nicht aus der Verantwortung teilweise oder in Gänze herausgelöst werden könnten und sich der Staat allein um die Bewahrung des kulturellen Erbes kümmern sollte. Diese Frage wird von den Haushaltspolitikern sicherlich mit einem rigorosen Nein beantwortet werden, doch wenn sich die Gesellschaft dazu entschließt, das Werk als ein kulturelles, zu bewahrendes Erbe einzustufen, dann läge in letzter Konsequenz die gesellschaftliche Verantwortung auch in einer Übernahme der Betreuung.

Wie also lässt sich verantwortungsbewusst das Private vom Öffentlichen trennen? Die heutige Produktion von Kunst ist ein wesentlicher Bestandteil unseres gemeinschaftlichen Lebens. Kunst bestimmt

Werte und ist ein Gradmesser für die Befähigung, Immaterielles zu schätzen und entsprechend sorgsam damit umzugehen. Wie bereits an anderer Stelle geschrieben, ist der vom Kunstmarkt unabhängige Aspekt eines Diskurses zu den Erzeugnissen von Kunst für unsere Gemeinschaft lebensnotwendig, doch die großen Mengen an künstlerischer Produktion machen es unmöglich, jedwede Nachlassdiskussion auf den Schultern der Gemeinschaft auszutragen.

Dennoch – und dies ist außerordentlich wichtig – dürfen rein haushalterische Interessen den Staat nicht davon abhalten, sich Künstlernachlässen umfassend zu widmen. Allein die Zunahme von Künstlernachlässen bestimmt die politischen Forderungen, die für die Zukunft ein anderes Bild entwerfen, als es in der Vergangenheit üblicherweise noch der Fall war. Waren noch vor wenigen Jahrzehnten Künstlernachlässe in Volumen und Anzahl eher begrenzt, ist die Zahl von Nachlässen heute schon und in Zukunft politisch völlig anders einzuordnen und entsprechend muss die Gemeinschaft auf diese Aufgabe reagieren.

Auch in Zukunft wird es nicht ohne eine Auswahl gehen, doch derzeit stehen wir am Anfang einer Entwicklung, die es notwendig macht, Vorsorge zu treffen und Strukturen bereitzustellen – Strukturen, mit denen die notwendige öffentliche Nachlassarbeit geleistet werden kann.

Die Verantwortung für Künstlernachlässe allerdings allein als öffentliche Aufgabe abzuhandeln, ist ebenso falsch wie der mit Unverständnis geführte Diskurs einiger Länderregierungen, die das Nachlassthema aus Kostengründen ohne Zögern mit der Begründung vom Tisch wischen möchten, dass Künstlernachlässe nicht von öffentlichem

Interesse seien und der Markt bereits für eine gesunde Selektion gesorgt habe. Wollte man alles einem privat- oder marktwirtschaftlichen Interesse unterstellen, würden der staatliche Bildungsauftrag sowie die Förderkriterien für staatliche Museen und Ausstellungshäuser ad absurdum geführt. Der Hinweis auf kulturell wertvolle Nachlässe, die sich außerhalb des Marktes bewegen, ist an anderer Stelle bereits gegeben worden. Doch gerade im Zusammenhang mit einem öffentlichen Diskurs über Künstlernachlässe muss noch einmal mit Nachdruck die Wichtigkeit von Werken außerhalb allgemeiner Strömungen und Moden betont werden.

Es gibt eine Reihe von staatlichen Museen und Einrichtungen, die sich in der Vergangenheit um lokale Nachlässe gekümmert haben. Allerdings verschließen die erdrückende Anzahl von Nachlässen und die immer schwierigeren Haushaltslagen mehr und mehr die Türen zu diesen staatlich geförderten Archiven. Zweifelsfrei ist die Einrichtung solcher Archive eine politische Forderung, der man in den kommenden Jahren verstärkt nachgehen muss. Doch viele Kolleginnen und Kollegen werden in aller Nüchternheit erkennen müssen, dass derzeit die Anzahl an öffentlichen Möglichkeiten begrenzt, die Bereitwilligkeit, sich derlei Themen anzunehmen, eher gering ist und die kostenintensive Betreuung eher ein Hindernis denn eine Hoffnung für zukünftige Losungen sein wird.

Es geht hier – wie so oft – um ein gesundes Abwägen der Zuständigkeiten, aber dennoch obliegt es den Künstlerinnen und Künstlern, sich privat und politisch zeitlebens für eine von der öffentlichen Hand mitgetragenen, sinnvollen Nachlassregelung einzusetzen und dafür nachdrücklich zu werben. Politisch zu fordern ist eine Regelung, die dem Bedürfnis und der Sorge von Kolleginnen und Kolllegen gebührend gerecht wird – und dies nicht zuletzt, weil künstlerische Äußerungen auch Gemeingut sind und nicht ausschließlich privat verhandetl werden können.

»Man sollte sich immer vor Augen halten, dass man den komplexen Anforderungen eines Nachlasses wohl immer nur unzulänglich nachkommen wird, so wie wir die meisten Dinge unseres Lebens nur scheinbar sicher festhalten können.«

Praktisches und Haltungsfragen

In unzähligen Gesprächen werde ich immer wieder nach Ratschlägen gefragt, wie man einen eigenen Nachlass vorbereiten könne oder mit dem Nachlass eines Verstorbenen umzugehen habe. Immer wieder wurde der Wunsch nach einem Ratgeber für Künstlernachlässe laut. Es solle ein Brevier geben, in dem man allen Beteiligten mitteile – möglicherweise noch juristisch, kaufmännisch und kunstgeschichtlich geklärt –, wie man mit dem Werk eines Künstlers oder einer Künstlerin umzugehen habe. Dieses Verlangen nach materieller Absicherung und Klärung entspricht einem gesellschaftlichen Umgang mit nahezu allen Problemkreisen, nicht nur der Kunst. Die Art und Weise, wie nach Praktikabilität mit Kunstnachlässen verlangt wird, zeigt das Unvermögen, vielleicht sogar den Unwillen, künstlerische Lebenswerke in ihren Irrationalitäten und möglichen Ungereimtheiten als gegeben stehen zu lassen.

An unterschiedlichen Stellen dieser hier vorliegenden Abhandlung habe ich deutlich beschrieben, dass der Umgang mit Nachlässen grundsätzlich immer ein individuelles Problem darstellt. Lebenswege und soziale Anbindungen bestimmen den Nachlass ebenso wie die manchmal sehr verschrobenen Eigenheiten aller Betroffenen. Es sind nicht immer nur die Künstlerinnen und Künstler, die psychisch auffällig erscheinen mögen, oftmals sind es die Angehörigen, deren Handlungen – gerade in Bezug auf Nachlässe – rational kaum einzuordnen sind.

Der Wunsch nach einem Handbuch zu Künstlernachlässen ist groß, berufsständische Vertretungen und andere praktisch Orientierte versuchen, dem Verlangen nach Handhabbarkeit nachzukommen, und es wird versprochen, dass die Nachlassfrage einfach sei, wenn man einen Leitfaden abarbeite. Dies mag in groben Zügen das ein oder andere Mal gelingen: Der Umgang mit Materiellem und Juristischem scheint erprobt. Allerdings sollte es das grundsätzliche Ziel sein, die Künstlerinnen und Künstler zu eigenen Überlegungen anzuregen, damit die Nachlässe weiterhin in allen Belangen auch ihre Handschriften tragen. Sicherlich gibt es praktische Unabdingbarkeiten, auf die ich im Folgenden noch eingehen werde. Doch ich selbst habe das Leben eines Künstlers oder einer Künstlerin immer eng verbunden mit einer Haltung zum Leben, zu der Gemeinschaft, der Natur und zu dem uns umgebenden Raum mit all den Verständlichkeiten und Unverständlichkeiten gesehen, die diesen Phänomenen anhaften. Mir war stets wichtig zu erkennen, dass sich Künstlerinnen und Künstler an einem sozialen und damit kulturellen Umfeld orientieren

– unabhängig davon, ob sie sich dem entgegenstellen oder sich als integrativer Bestandteil dieses Feldes sehen. Es sind unsere künstlerischen Arbeiten, die in der Annäherung, über kreatives Tun Brücken zu den existenziellen Fragen, zu Raum und Zeit, zu Spiritualität oder purem Naturalismus bauen. Die Liste der Fragen ist genauso unendlich wie die künstlerischen Antworten.

Die einst getroffene Themenwahl eines Künstlers oder einer Künstlerin bestimmt auch den Umgang mit dem zu bestimmenden Nachlass. Wir sollten uns stets darüber bewusst sein, dass die Haltung des Künstlers oder der Künstlerin ausschlaggebend sein muss für den späteren Umgang mit dem Werknachlass. Dies gilt für praktische und geistige Angelegenheiten gleichermaßen. Wird der Nachlass rein materialistisch verhandelt, sind Ratschläge zu Verpackung, Aufbewahrung, Taxierung oder schlimmstenfalls Entsorgung organisatorisch relativ einfach zu bewältigen. Das ›Gesicht‹ eines Nachlasses oder besser dessen ›spätere Erscheinung‹ ist abhängig von der Bereitschaft der Erbnehmer, dem Geiste des Verstorbenen zu folgen und das eigene Vermögen oder Unvermögen im Umgang mit dem Nachlass zu akzeptieren. In allen Fällen wird der Nachlass dem Glück der Stunde unterliegen: Dem Schicksal eines verborgenen Schatzes gleich wird er einstmals aufgedeckt werden oder für immer verborgen bleiben. Dessen sollte man sich grundsätzlich bewusst sein, wenn die Fragen nach Praktikabilität im Raume stehen.

Möchte man die Bewältigung eines Künstlernachlasses seriös abhandeln, kommt man nicht umhin, die Haltung des Künstlers oder der Künstlerin zu allen Belangen – seien sie handwerklich oder künstlerisch, organisatorisch oder intellektuell – in den Mittelpunkt der Überlegungen zu stellen. Lediglich über die Zugewandtheit zu dem Wesen des Kunstwerkes lassen sich mögliche Spielregeln oder Verfahrensweisen zu einem Nachlass aufstellen. Dies gilt auch und insbesondere für einen praktischen Umgang mit dem Werk.

Dennoch – und dies möchte ich nicht unerwähnt lassen – gibt es beispielhafte Nachlassmodelle, an denen man sich orientieren kann und die als Entscheidungshilfe für ein weiteres organisatorisches Vorgehen zurate gezogen werden können. Im Folgenden werde ich einige praktische Dinge ansprechen, die ich gerne im Geiste dieser gerade formulierten Grundsätze verstanden wissen möchte. Auf rein handwerkliche Überlegungen werde ich nicht eingehen, denn der Umgang mit vergänglichen Materialien wie zum Beispiel Papier oder Ähnlichem bedarf einer gesonderten und fachmännischen Anleitung, die Konservierungsfragen umfassend klärt. Auch die Fragen nach günstigen Raumtemperaturen und Lagerbedingungen sind kundig zu beantworten; es wird für Erben und Verwalter ein Leichtes sein, dies in Erfahrung zu bringen.

Ein Künstler oder eine Künstlerin sollte immer bedenken, dass er oder sie sich zumeist ein Leben lang dem Metier widmen konnte, sodass die Fülle der Informationen das Arbeitspensum eines sonst berufstätigen Nachlassnehmers bei Weitem übersteigt. Dieser Tatsache sollten sich – wie schon gesagt – alle Beteiligten gewahr werden. Der Wille eines Nachlassgebers, so seriös und aufrichtig er auch immer sein mag, kann oftmals mitnichten von den Erben erfüllt werden. Nachlässe können Angehörige ›erschlagen‹, nicht nur in organisatorischer, sondern auch in pekuniärer Hinsicht: Erbschaftsteuer, Umsatzsteuer, Betriebsfortschreibungen oder selbst steuerlich bedingte Auflösungen des Betriebes können manche Familie in den Ruin treiben, wenn nicht rechtzeitig Vorsorge getroffen worden ist. So ist es in mancherlei Hinsicht ratsamer, mit den berühmten ›warmen Händen‹ zu schenken und vielleicht mittellosen Kunstliebhabern eine große Freude zu bereiten, als die unzähligen Schätze zu horten und im heimischen überfüllten Ateliertresor zu verschließen. Die neuere Kunstgeschichte hat mehr als deutlich klargemacht, dass das bereits erwähnte ›Phänomen van Gogh‹ – der arme Künstler, der die Besitzer seiner Bilder in den Folgezeiten zu reichen Menschen macht – eher eine Eintagsfliege als ein zu verallgemeinerndes Nachlassphänomen sein wird.

Die Erfahrung zeigt, dass die Kunstverkäufe bei Verstorbenen meist rapide nachlassen, weil allzu oft das Werk mit der unmittelbaren Anwesenheit des Künstlers oder der Künstlerin in Einklang gebracht wird. In Fällen weniger bekannter Kolleginnen und Kollegen fördern und unterstützen persönliche Erlebnisse und Bekanntschaften Kunstkäufe. Doch wenn der direkte Kontakt zum Autor wegfällt, stagniert nicht selten auch das Verlangen, Arbeiten des Verstorbenen erwerben zu wollen. Dies ist eine offenbar unverrückbare Tatsache, die von den Angehörigen oftmals nicht erkannt wird. Das stille Hoffen auf eine Wertsteigerung erweist sich entsprechend häufig als kostenträchtiger Irrtum. Die oft zitierte Möglichkeit der Kunstversteigerung durch Auktionshäuser ist sicherlich eine akzeptable Möglichkeit für Nachlassnehmer, die Werke in Umlauf zu bringen, doch sollte auch hier eine nüchterne Einschätzung der Auktionsergebnisse Ratgeber sein – und man sollte eher von unterdurchschnittlichen Erlösen ausgehen. So verlockend die Möglichkeit einer Auktion auch immer sein mag, in der Regel werden eher die Käufer denn die Verkäufer die Glücklicheren sein.

Es ist für Erbnehmer immer wichtig, sich in die Geschäftsbeziehungen des Erblassers einzulesen, und jeder Erbe wird dankbar sein, wenn diese lückenlos nachvollziehbar sind. Schwieriger wird es für Erbnehmer, wenn die Geschäftsbeziehungen nicht bekannt oder nicht dokumentiert sind. So simpel es sich auch anhören mag: Einfache hinterlegte Listen, Lieferscheine und vergleichbare Dokumente helfen jedem Fremden, sich in ein Konvolut einzuarbeiten. Grundsätzlich ist zu vermerken, dass die Vollständigkeit solcher Listen hilfreicher ist als ein vage notierter Nebensatz in einem noch so interessanten Briefwechsel zwischen Künstler und Galerist.

Wollen wir über Praktisches sprechen, so bleibt es nicht aus, sich der Werkstatt, dem Atelier des Verstorbenen zu widmen. Was läge näher, als diese Wirkungsstätte in ihrer Gesamtheit erhalten zu wollen. An vielen Orten des Landes gibt es als Museen angelegte ehemalige Ateliers, die mit kleinen Ausstellungen der Arbeit des Verstorbenen nachspüren. So wünschenswert und kulturell wertvoll diese Unternehmungen auch immer sein mögen, so charmant an die einzelnen Künstlerinnen und Künstler erinnert wird, so empfehlenswert diese Art der Würdigung eines Lebenswerkes auch immer sein mag: Alle Beteiligten sollten im Vorfeld die Tragweite einer solchen Unternehmung ausreichend kalkulieren – und zwar nicht nur in die kommende

Generation hinein. Gerade diese Form der Erhaltung von Werknachlässen bedarf eines großen Engagements von Angehörigen oder von den zu entlohnenden Angestellten. Die Bezahlung der Arbeitskräfte und der Lokalitäten sollte gut berechnet worden sein und auf einer soliden Grundlage stehen. Dass Kommunen und Gemeinden sich an derlei Unternehmungen möglicherweise beteiligen, ist ein nicht zu vernachlässigender Aspekt. Doch selbst wohlmeinende Stadtväter unterliegen der Strenge der wählenden Einwohnerschaft – und eine zukunftsfähige Unternehmung muss von vielen mitgetragen werden. Gerade wenn es um Kulturfinanzierungen geht, ist politisches Engagement gefragt. Der Nachlassnehmer sollte sich auf ein langes und aktenfüllendes Prozedere einstellen. Auch bei diesem Beispiel wird mehr als deutlich, dass eine Verallgemeinerung der Ratschläge zu Nachlässen nur bedingt möglich ist. Immer wird die Finanzierung neben der inhaltlichen Wahrung eines Werknachlasses in Verbindung mit infrage kommenden Betreuungspersonen das jeweils besondere Grundgerüst für alle Überlegungen sein. Es wird zu bedenken sein, dass eine adäquate Lagerhaltung, Versicherung und die Bereitstellung für Ausstellungen der Grundstein sind für ein sinnvolles Nachlassunternehmen; dies begleitet durch eine Aufarbeitung der Bestandslisten und wenn möglich eine Sortierung durch eine heute übliche digitale Datenbank. Allein die Substantive dieses Satzes beinhalten alle die Sorge um ein kaufmännisches Geschick, welches bei der Versorgung eines Nachlasses unabdingbar ist. Nur allzu leicht könnte das Abenteuer Nachlass zum pekuniären Desaster werden, wenn dies alles nicht bedacht, kalkuliert und gesichert worden ist. Möglicherweise sind diese Voraussetzungen, wenn sie denn im Privaten nicht geleistet werden können, der Anstoß, sich mit einem reduzierten Nachlass, sprich einem Kernkonvolut doch in die Hände einer staatlichen oder kommunalen Organisation zu begeben.

Bei allem Verständnis für den Wunsch nach einem praktischen Ratgeber zu Künstlernachlässen – immer sollten die Interpretation und die Bewahrung des Lebenswerkes im Mittelpunkt einer Nachlassarbeit stehen: Praktisches ergibt sich aus den Gegebenheiten der zur Verfügung stehenden finanziellen Mittel. Dessen sollte man sich als Nachlassgeber und Erbe gleichermaßen immer im Klaren sein, und man sollte sich immer vor Augen halten, dass man den komplexen Anforderungen eines Nachlasses wohl immer nur unzulänglich nachkommen wird, so wie wir die meisten Dinge unseres Lebens nur scheinbar sicher festhalten können.

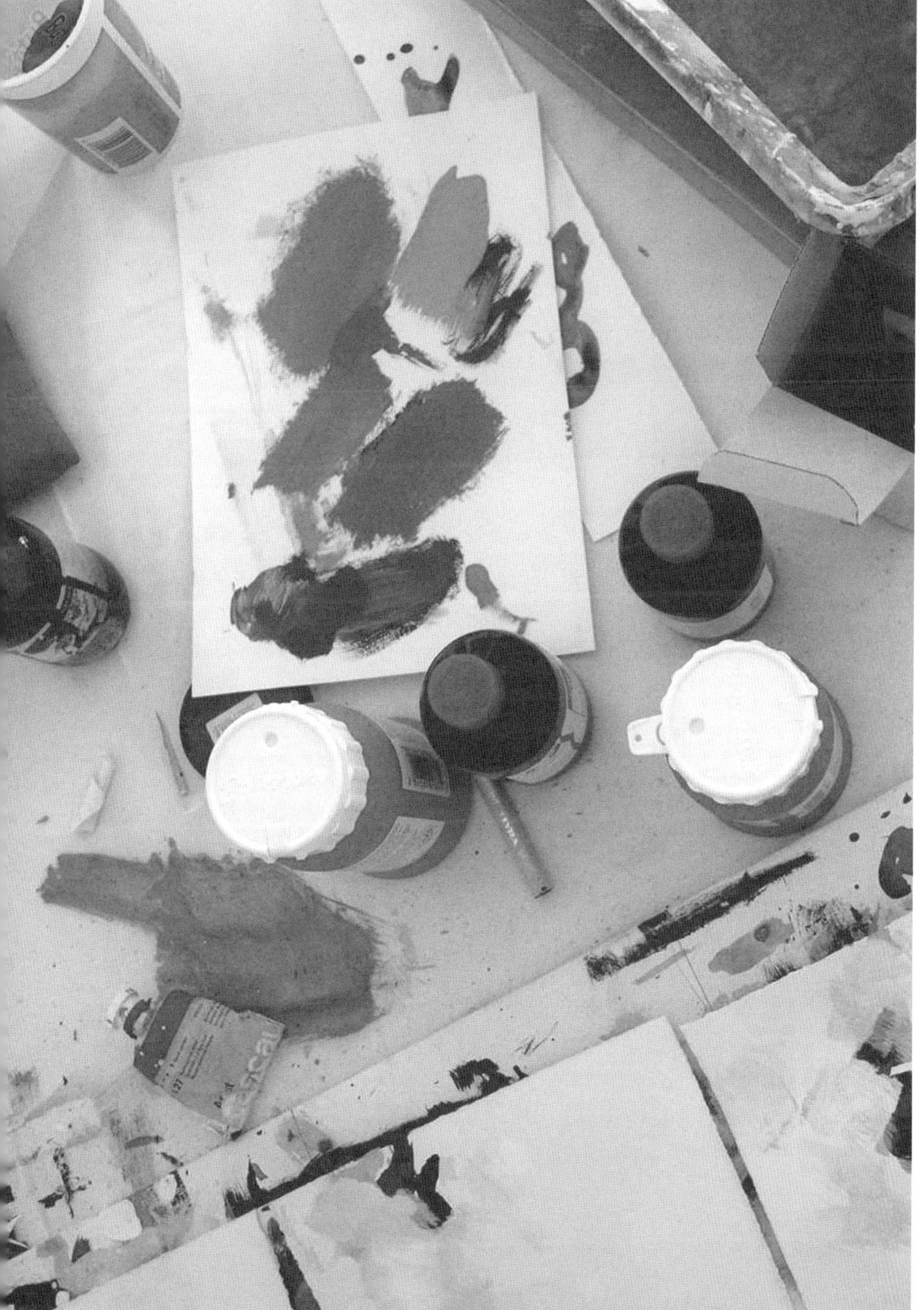

»Es ist an den Künstlerinnen und Künstlern, schon zu Lebzeiten die eigenen Erbschaftsangelegenheiten bei bester Gesundheit und klarem Verstand zu regeln.«

Erblasser – Erbnehmer

Im umgangssprachlichen Gebrauch findet man weniger die Begriffe ›Nachlassnehmer‹ und ›Nachlassgeber‹, sondern allgemein heißt es: »Irgendetwas wird vererbt!« Der Verstorbene hinterlässt sein Erbe üblicherweise seinen Nachkommen und engsten Verwandten oder denjenigen, die er zu Lebzeiten benannt oder in einem Testament eingesetzt hat. Mit dem Tod eines Menschen, fachsprachlich ›Erblasser‹ genannt, treten die Erben kraft Gesetzes in die Rechtsposition des Verstorbenen, sprich sie treten die Gesamtrechtsfolge an. Dies bedeutet, dass die Erben im Hinblick auf den Nachlass automatisch vollständig berechtigt sind und verpflichtet werden. Die Erben dürfen ausstehende Ansprüche des Erblassers geltend machen, sie haften aber auch für Forderungen Dritter gegen den Verstorbenen. Gerade für Künstlerinnen und Künstler sowie die Erben ist dieser Hinweis nicht unwichtig, zumal Künstler häufig zu Händlern oder Galeristen in Geschäftsbeziehungen per Handschlag stehen. Ein geordnetes Vertragswerk und Lieferscheinlisten, die von dem Empfänger der

Ware gegengezeichnet worden sind, widersprechen möglicherweise den Gepflogenheiten des Künstlers oder der Künstlerin, doch ist solch ein professionelles Verhalten gerade im Hinblick auf Nachlässe dringend anzuraten. Aus diesen Vertragsverhältnissen entstehen möglicherweise auch Verpflichtungen, damit verbunden Chancen und Risiken, die der Erbnehmer bei Annahme des Erbes gut abwägen sollte.

Gesellschaftlich relevant ist die Tatsache, dass ein ausgeschlagenes Erbe eigentlich dem Staat zufällt. Gerade im Hinblick auf einen sinnvollen Umgang mit Künstlernachlässen ergibt sich aus diesem Zusammenhang die Erkenntnis, dass der Staat bzw. die zuständigen Finanzämter selten ein Interesse daran haben, sich um derlei Nachlässe zu kümmern. Dies führt im Allgemeinen dazu, dass der Nachlass in Gänze entsorgt, sprich dem Müll zugeführt wird. Bestenfalls entscheidet sich das zuständige Finanzamt für eine öffentliche Versteigerung des zurückgelassenen Erbes.

Schon die Väter des Grundgesetzes waren sich sehr wohl der Problemkreise der Kulturschaffenden und der Unmöglichkeit einer sicheren Taxierung von deren merkantilen Leistungen bewusst. Infolgedessen entwarf man eine Steuergesetzgebung, die eindeutig unterschiedliche Berufe differenziert – und das mit gutem Grund: Künstlerisch arbeitende Berufe widmen sich im eigentlichen Ursprung einer Aufgabe, die nicht dadurch gekennzeichnet ist, einen Gewinn erzielen zu wollen. Dies ist im besten Sinne ein Gesellschaft konstituierendes Moment. Es bedarf heute einer klugen und differenzierten Betrachtung dieses Gesetzestextes, auch im Hinblick auf Künstlernachlässe oder die so oft attackierte Künstlersozialversicherung. Seitens der Künstlerinnen und Künstler wiederum braucht es einen selbstbewussten Verweis auf die ideelle Wertigkeit des künstlerischen Schaffens – unabhängig, ob dieses zu Lebzeiten oder nach dem Tode eingeordnet werden muss. Diese Grundsätze und ethischen Vorgaben stehen allerdings im Gegensatz zu der steuerrechtlichen Bewertung des Kunstschaffenden, der in den Augen des Fiskus einen Betrieb führt und im Erbfall diesen Betrieb zur Disposition stellt. Juristisch ebenfalls nicht uninteressant ist die testamentarische Verfügung des Verstorbenen, der einen potenziellen Erbnehmer veranlassen will, ein Werk posthum zu vernichten. Folgt der Erbe diesem Wunsch, macht er sich streng genommen der Steuerhinterziehung schuldig, weil er dem Staat Steuereinnahmen – insbesondere Einnahmen, die aus der Mehrwertsteuer resultieren – vorenthält. Allerdings ist dieser Fall so besonders, dass er auch in juristischen Kreisen kontrovers diskutiert wird. Er zeigt jedoch in aller Deutlichkeit die steuerrechtlichen Verquickungen, in denen sich der Künstler oder die Künstlerin befindet und denen man sich offenbar auch als künstlerisch bestimmter Freigeist nur schwerlich entziehen kann – es sei denn, es ist einem egal, welche fiskalische Verantwortung man seinen Erben hinterlässt. Ein durchaus ehrenwerter und zu akzeptierender Gedanke ist der Wunsch eines Künstlers oder einer Künstlerin, das Werk vernichtet zu wissen, um den Erbnehmer von der Last der Hinterlassenschaft zu befreien; allerdings sollte dies juristisch und sachlich geplant und im Ergebnis unter Umständen mit einer vorhergegangenen Auflösung des Betriebs organisiert werden.

Es ist der große Wunsch vieler Kolleginnen und Kollegen, sich im Geiste und bei der Ausübung des künstlerischen Berufs den Widrigkeiten sowie allen Gesetzesvorlagen zu entziehen und eigene, unter Umständen radikale Lebensmodelle zu entwerfen. Doch nach dem Tod, bei Abwicklung des Nachlasses wirken rechtliche Tatsachen nicht selten diametral entgegengesetzt zu den einst gelebten Idealen. Entscheidet sich der Erbe für die Annahme der Erbschaft, muss er dafür zunächst nichts weiter tun. Das Erbe geht mit allen damit verbundenen Rechten und Pflichten in seinen Besitz über. Bei diesen Rechten und Pflichten handelt es sich um solche, wie sie auch bei der Übernahme eines Geschäfts entstehen können. Denn der verstorbene Künstler oder die verstorbene Künstlerin war im Regelfall bei dem ortszuständigen Finanzamt angemeldet. Das heißt mit anderen Worten: Fällt im Erbfalle und bei Geschäftsübernahme eine Zahlung von Umsatzsteuer an, muss diese nach Eintritt der Erbannahme umgehend bezahlt werden. Sollte aber der Künstler oder die Künstlerin bei dem zuständigen Finanzamt noch zu Lebzeiten mangels Verkäufen die Stilllegung des Betriebs erwirkt haben und – über einen längeren Zeitraum – nur noch als ›Hobby-Künstler‹ geführt worden sein, entfällt die Zahlung von Umsatzsteuer in Gänze.

Eine durch den Künstler oder die Künstlerin vorgenommene Stilllegung des Betriebs birgt allerdings auch nach dem Tode weitere Tücken und Fallstricke. So ist die Veräußerung von Werken möglicherweise dennoch einkommensteuerpflichtig oder kann die Verschleppung des Betriebs zum Zwecke der späteren Auflösung steuerlich ein Gesetzesbruch sein. Auch im Falle der Weiterführung

der Geschäfte ist der Erbnehmer aufgefordert, sich um eine steuerrechtliche Einordnung des erworbenen Erbes und des damit zusammenhängenden Betriebs zu kümmern.
Ebenso wichtig – und von wenigen in aller Konsequenz bedacht – ist, dass ein Atelier als Immobilie wie das künstlerische Werk dem Betriebsvermögen des Künstlers oder der Künstlerin zugeordnet wird. Viele Kolleginnen und Kollegen haben im Laufe ihres Lebens ein wenig Geld angespart und sich davon den Arbeitsplatz, sprich das Atelier gekauft oder steuerlich abzugsfähig finanziert. Es ist unbedingt notwendig, den Bezug zum Betriebsvermögen zu klären und eine mögliche Steuerlast, die im Erbfall auftreten könnte, zu kalkulieren oder bestenfalls schon zu Lebzeiten umzuverteilen. Wie das Gesamtwerk, so schlagen auch Immobilien bei der Taxierung der Steuern zu Buche. Auflösung und Weiterführung des Betriebs sind vom Bundesgerichtshof kommentiert worden, der die Sachlage wie folgt beschreibt:

Betriebsvermögensfreibetrag für Nachlass eines Künstlers

Auch für den Nachlass eines Künstlers ist der Betriebsvermögensfreibetrag nicht von vornherein ausgeschlossen, nur weil die Erben nicht dieselbe Tätigkeit ausüben können. Manchmal stellt der Nachlass eines Künstlers die Erben vor ein ästhetisches Dilemma, aber viel öfter noch vor ein steuerliches. So kann auch der Künstlernachlass Betriebsvermögen sein, denn diese Eigenschaft geht nicht allein deshalb verloren, weil die künstlerische Tätigkeit aufgrund ihrer höchstpersönlichen Natur von den Erben nicht fortgesetzt werden kann.

Mit dieser Feststellung des Bundesfinanzhofs fängt das Problem jedoch erst an: Werden die Kunstwerke zu schnell verkauft, gilt das als freibetragsschädliche Betriebsveräußerung. Und entscheiden sich die Erben dafür, die Kunstwerke dauerhaft zu behalten, liegt in der Regel eine ebenso schädliche Betriebsaufgabe vor. In solchen Fällen ist daher eine Steuerplanung schon zu Lebzeiten des Künstlers keine schlechte Idee. (Vgl. diverse Quellen im Internet)

Diese im Internet zahlreich kursierende wortgleiche Beschreibung von Rechtsanwaltskanzleien zu diesem Problem zeigt mehr als deutlich, dass eine Regelung der Betriebsverhältnisse von Künstlerinnen und Künstlern zu Lebzeiten mehr als sinnvoll, wenn nicht sogar notwendig für Erbnehmer erscheint. Die Vorstellung, man könne mit einem stillen Ausschleichen die Aufgabe des Betriebs anmelden, erscheint durch die Sprechung des Bundesgerichtshofs obsolet. Dies sollte jedem Erben eines professionell arbeitenden Kollegen oder einer professionell arbeitenden Kollegin Hinweis und Warnung zugleich sein.
Unsinnig erscheint auch die Festschreibung von Verkaufswerten, die zu Lebzeiten nie erzielt und – lediglich gemessen an der ideellen Bewertung – zu groß ausgewiesen sind. Die Idee, man könne das Werk mit hohen Geldsummen adeln, erweist sich schnell als unerbittlicher Bumerang. Denn damit werden Bemessungsgrößen geschaffen, die im Falle einer Bewertungsauseinandersetzung einen Beurteilungskrieg anfachen, den man als Erbe lieber nicht erleben möchte.
Angesichts der Tatsache, dass lokale Finanzämter offenbar unterschiedliche Bewertungsspielräume haben, sollten Künstlerinnen und

Künstler davon absehen, Phantasiesummen zu hinterlassen, die mit der Wirklichkeit am Kunstmarkt und den bislang erzielten Preisen oder Verkaufssummen nichts gemein haben.

Es sind Schwierigkeiten dieser Art, die mehr und mehr Bürgerinnen und Bürger unseres Landes dazu veranlassen, ein Erbe auszuschlagen. Sie wollen damit Konflikten grundsätzlich aus dem Wege gehen. Interessanterweise ist dieses Phänomen allerdings nicht nur im Hinblick auf Künstlernachlässe zu beobachten.

Ein nicht unwichtiger Aspekt, der gesellschaftspolitisch durchaus zu einem fruchtbaren Diskurs führen könnte, ist die schon erwähnte Tatsache, dass bei verweigerter Annahme eines Erbes der Staat zum Erbenden wird, und zwar mit all den damit verbundenen Rechten und Pflichten.

Dies alles ist jedoch nicht ausschlaggebend für die Taxierung der Erbschaftsteuer im Falle der Erbannahme, die – unabhängig von den Umsatzsteuerzahlungen – auf die Erben trifft. Hierzu gibt es allerdings auch Steuerfreibeträge, die jeweils aktuell abgefragt werden sollten. Dieser Freibetrag teilt sich entsprechend dem Testament anteilig auf mehrere Erben auf. Er ist im Normalfall für ein geschaffenes Gesamtwerk eines Künstlers oder einer Künstlerin ausreichend, um Erbschaftsteuerzahlungen zu entgehen. Aber wie schon gesagt: Es müssen bei Taxierung dieser Steuer alle geerbten Gegenstände – materielle wie immaterielle Güter – veranschlagt werden, sodass unter Umständen zum Beispiel der Verkehrswert einer Immobilie zusätzlich zu Buche schlagen kann. Gerade für Künstlerinnen und Künstler ist es deshalb sinnvoll, schon zu Lebzeiten eine Regelung für im Besitz befindliche Ateliers oder Werkstätten festzulegen, denn diese sind dem Betriebsvermögen zuzuschlagen, das für Umsatz- und Erbschaftsteuer gleichermaßen relevant ist.

Bei allen Überlegungen zu einem Künstlernachlass neigt man schnell dazu, lediglich die künstlerische Arbeit als zentralen Punkt anzusehen – als den Punkt, der von kulturellem oder gesellschaftlichem Interesse sein könnte. Doch demjenigen, der ein Testament aufsetzt, sollte klar sein, dass im Erbfalle die persönlichen Rechte und Verpflichtungen zunächst einmal auf die gesamte Hinterlassenschaft anzuwenden sind. Es macht also keinen Sinn, einen Künstlernachlass für die Hinterbliebenen in die Güter zu trennen, die sich einerseits aus künstlerischen Aktivitäten und andererseits neben der Kunstproduktion angesammelt haben. Auch Verpflichtungen gegenüber Dritten sollte man aus den Überlegungen nicht ausblenden. Für alle unmittelbar Beteiligten, den Erbgeber wie Familienangehörige und Hinterbliebene, steht demnach das gesamte Hab und Gut zur Disposition. Erst nachfolgend kann über einen getrennten Künstlernachlass gesprochen werden.

Die Schwierigkeiten, die sich ergeben, weil privatrechtliche Bereiche und künstlerischer Nachlass eng miteinander verwoben sind, sollten – neben der Einordnung des Werkes und seiner wie auch immer gearteten gesellschaftlichen Bedeutung – zunächst juristisch von allen Beteiligten abgeklärt werden. Erst danach sollte man sich dem eigentlichen Problem des Werknachlasses annähern.

Die Vorbereitung eines Erbes oder eines Testaments bedingt also zwangsläufig die Berücksichtigung aller Güter. Darüber hinaus kann

– wenn dies so gewünscht wird – eine gesonderte Regelung im Hinblick auf die Hinterlassung des künstlerischen Werkes festgeschrieben werden. Dabei ist es durchaus sinnvoll, das künstlerische Werk schon zu Lebzeiten einer Stiftung oder Institution anzubieten, um im Zuge einer Schenkung das Werk – losgelöst von den anderen Gütern – zu sichern und in guten Händen zu wissen. In solch einem Fall spricht man von einem Vorlass, sofern dieser rechtsgültig vereinbart worden ist.

Unter Umständen wird nicht der gesamte Nachlass einer Person von einer Institution aufbewahrt, sondern es finden sich mehrere Teilnachlässe. Zudem gibt es den sogenannten angereicherten Nachlass, also einen Nachlass, der nachträglich um Materialien ergänzt wurde, z.B. um Briefe, die sich zuvor bei den Korrespondenzpartnern des Verstorbenen befanden.

Auf Basis dieser Vorgaben lässt sich fragen, was getrennt von dem eigentlichen Künstlernachlass zu sehen ist und was wiederum notwendig ist, um das Werk des Verstorbenen ausreichend darzustellen. Normalerweise gehen wir davon aus, dass ein Künstler oder eine Künstlerin sich allein durch die künstlerische Arbeit auszeichnet und repräsentiert. Doch kann es in besonderen Fällen durchaus sinnvoll sein, die Lebens- und damit die Produktionsbedingungen eines Künstlers oder einer Künstlerin zu dokumentieren oder zu erhalten. Eine geführte Korrespondenz oder Aufzeichnungen des Verstorbenen mit Äußerungen zu seinem Werk oder zur Kunst im Allgemeinen sind dabei genauso zu bedenken wie ein der Öffentlichkeit zur Besichtigung gestelltes Atelier. Eine sorgfältige Beurteilung und Sortierung von all den Dingen, die dem Gesamtwerk zuzuordnen sind, sind folglich sehr wichtig. Wesentlich ist auch das Anlegen eines Werkverzeichnisses, um den Nachfahren und einer möglichen Öffentlichkeit einen geordneten Werkkatalog zur Verfügung zu stellen.

Wie bereits angeklungen, sind Angehörige und Nachfahren eines Verstorbenen in der Regel selten damit vertraut, Taxierungen vorzunehmen, geschweige denn den ideellen oder künstlerischen Wert eines Nachlasses zu bestimmen. Die Möglichkeiten einer Beurteilung variieren zwischen Desinteresse bis hin zu einer übersteigerten und ausschließlich emotional bestimmten Einschätzung des weitergegebenen Werkes. Wie bereits mehrfach gesagt: Es ist an den Künstlerinnen und Künstlern, schon zu Lebzeiten den möglichen Nachfahren Hilfe anzubieten und die eigenen Erbschaftsangelegenheiten bei bester Gesundheit und klarem Verstand zu regeln. Der Künstler oder die Künstlerin allein kann und soll beurteilen oder aussagen, wie das gesamte Erbe eingeordnet werden soll, wie mit den Dingen zu verfahren ist. Die hier formulierten Vorschläge fallen nicht jedem gleichermaßen leicht, aber ein ständiger Diskurs über diese Themen gestattet auch eine mögliche Relativierung überzogener Vorstellungen und damit ein sinniges Einordnen der vorliegenden künstlerischen Leistung – einer Leistung, die es verdient hat, auch posthum gewürdigt zu werden.

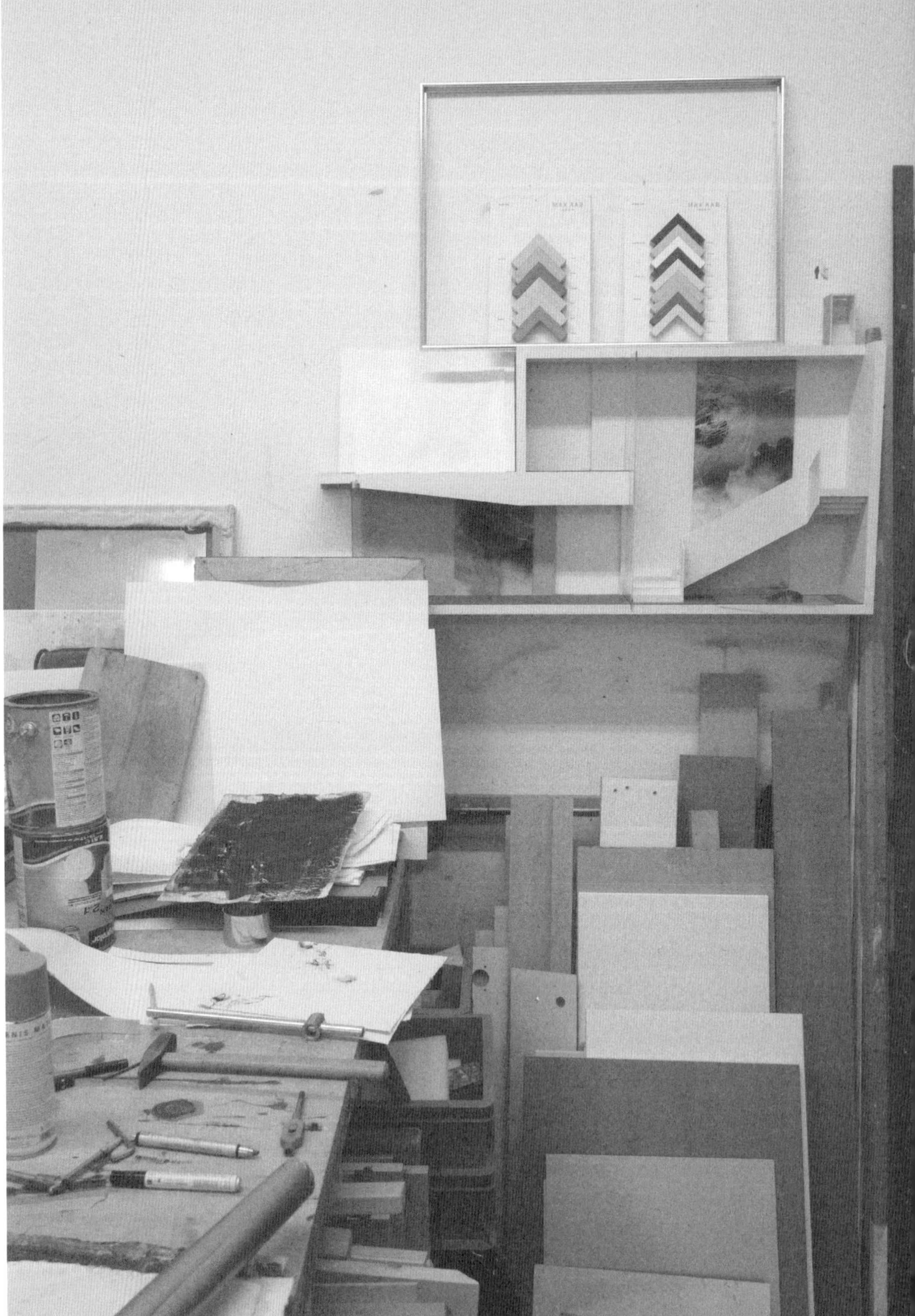

»Stiftungen sind ein Geschenk an die Gesellschaft und sie haben eine Verpflichtung gegenüber der Öffentlichkeit.«

Die Stiftungsidee

Nicht unwesentlich im Umgang mit Nachlässen ist die Idee der Stiftung. Sie wird von vielen mit einem Zauber belegt und erlaubt ihnen die Flucht in das Vergessen der eigenen Endlichkeit. Diesem Modell liegt nicht selten die Vorstellung zugrunde, dass die Stiftung – was immer das auch in aller Konsequenz sein mag – erdenkliche Schwierigkeiten regeln, selbst gröbste Ungenauigkeiten in testamentarischen Überlegungen glätten und alles zum Wohle der Erben und des Erblassers verrichten wird. Vielfach wird in diesem Zusammenhang die Hoffnung lebendig, man könne die im Leben nicht erreichte vermeintliche Adelung des künstlerischen Gesamtwerkes posthum erreichen und die Anerkennung der künstlerischen Leistung durch die Übernahme in ein angesehenes Institut von Rang und Namen – in eine Stiftung – sichern.

Stiftungen sind ein Geschenk an die Gesellschaft und sie haben eine Verpflichtung gegenüber der Öffentlichkeit. Sie sind deshalb steuerbegünstigt, weil laut Definition der Stifter oder die Stifterin dem Staate, sprich dem Allgemeinwohl das einst erwirtschaftete Gut frei überlässt und es einer personengebundenen Gewinnabsicht entzieht. Bezogen auf Künstlernachlässe innerhalb von Stiftungen bedeutet das in praktischer Hinsicht nicht, die Werke – in Luftpolsterfolie verpackt – für alle Ewigkeit unter Verschluss zu halten, sondern die Anforderungen an Stiftungen sind unter anderem die Bereithaltung und das Zugänglichmachen der Werke für die Gemeinschaft. Der steuerliche Anreiz allein kann nicht Beweggrund für eine Stiftung sein, dies würde dem Künstler oder der Künstlerin und deren Anliegen nicht gerecht werden. Vielmehr müssen die Bereitschaft zur Pflege des Werkes und die finanziellen Mittel vorhanden sein, um die Anforderungen, die sich aus dem an die Gemeinschaft gerichteten Geschenk ergeben, auch zu verwalten.

In Verdrängung des Nachlassproblems haben viele die Vorstellung, der Verkauf eines Eigenheims reiche aus, eine private Stiftung zu finanzieren und einzurichten. Richtig ist, dass ein vergleichsweise geringer Betrag Grundvoraussetzung für die Etablierung einer Stiftung sein kann. Vergessen wird jedoch oftmals, dass das Pflegen eines Werkes umfangreiche zusätzliche Arbeit und Kosten bedeutet. Das Vorhandensein von Lagerräumen, deren Organisation – das alles muss genauso bedacht werden wie die Versicherung und die Bereithaltung der Werke zu einem möglichen öffentlichen Zeigen. Das heißt in aller Konsequenz: Die Werke müssen wie bei anderen Nachlassmodellen katalogisiert und zur Präsentation bereitgehalten werden, die Räume müssen entsprechend gemietet oder erworben werden, das dazugehörige fachkundige Personal muss zur Verfügung stehen, um die Arbeit am Werk zu leisten.

Eine Witwe, ein Witwer allein reicht im Regelfall nicht aus, diesen Vorgaben gerecht zu werden, und die Enkelkinder haben möglicherweise ganz andere Lebensziele, als dass sie sich aufopferungsvoll dem Werk des Verstorbenen im Rahmen einer Stiftung widmen möchten. Grundvoraussetzungen für eine Stiftung sind ein gesicherter Ertrag an Geldmitteln für die Bereitstellung aller Notwendigkeiten und die Auflage, das gestiftete Vermögen wie die Werke nicht anzutasten. Das bedeutet bei einer heute konventionellen Verzinsung von Geld – und nur das wäre zulässig, weil sonst das Stiftungsrecht verletzt würde –, dass ein ausreichend hohes Grundkapital vorliegen muss, dessen Verzinsung einen Ertrag abwirft, der all die nötigen Vorgaben erfüllen kann. Nüchtern betrachtet wären das in heutigem Falle mehrere Millionen, die für eine ausreichende Sicherung der Stiftung eines Künstlernachlasses zur Verfügung stehen sollten.

Zwar gibt es die Möglichkeit, zwischen einem Umlauf- und einem Anlagekapital zu differenzieren; so ließen sich einzelne Werke außerhalb eines den Künstler repräsentierenden Kernkonvoluts veräußern, um damit weitere Einkünfte zu erzielen, die wiederum zu nutzen wären, um den Betrieb der Stiftung zu gewährleisten. In diesem Zusammenhang ist allerdings eine seriöse, realistische Einschätzung der Kunstmarkt-Gegebenheiten vonnöten, die bereits im Vorfeld einer Stiftungsgründung zu berücksichtigen ist.

Kunst unterliegt zweifelsfrei auch Zeitströmungen, die Verkäufe fördern oder verhindern. So werden seinerzeit für gutes Geld veräußerte Kunstwerke nicht zwangsläufig einer Wertsteigerung unterliegen, auch wenn das oft fälschlicherweise und blauäugig von vielen Erben angenommen wird. Die Regel scheint hier eher das Gegenteil zu sein. Wie bereits in einem der vorherigen Kapitel angedeutet, bilden der Künstler und sein Werk eine Einheit. Die Erfahrung lehrt, dass das Zerbrechen dieser Einheit private Bindungen zu Käufern verfallen lässt und die Werbung über die eigene Person nicht mehr gegeben ist. Oftmals verschlechtern sich die Verkaufschancen und Ausstellungsmöglichkeiten auf dem Kunstmarkt nach dem Tode eines Künstlers oder einer Künstlerin zusehends, sodass einst gefeierte Akteure für Folgegenerationen schlichtweg uninteressant werden. Die Unterhaltung der Stiftung lässt sich in vielen Fällen nicht mehr durch den Verkauf einzelner Stücke decken – ganz davon abgesehen, dass die Anstrengungen, die nötig sind, derlei Verkäufe einzuleiten, in keinem Verhältnis zu einem kaufmännisch lohnenswerten Unternehmen stehen. Diese bittere Erkenntnis zu notieren, ist keineswegs despektierlich. Doch sie wird uns gegebenenfalls die Augen öffnen, im Umgang mit dem eigenen Nachlass oder in der Einschätzung eines übernommenen Erbes die Erwartungen nicht naiv, sondern seriös den Realitäten anzupassen.

Mit dem Verkauf eines kleinen Einfamilienhauses wird sich eine Stiftungsgründung nur mangelhaft abdecken lassen und all das, was wir als Wert einschätzen, muss nicht zwangsläufig von Banken und Verwaltern gleichermaßen als Stiftungsgrundlage anerkannt werden. Die rechtliche Vorgabe, eine Stiftung sei für die Ewigkeit gegründet, sollte über die eigene Generation hinaus mental verinnerlicht und bewältigt werden. Spätere Verwalter und Nachfahren werden mit Sicherheit weniger Persönliches, weniger Verbindendes mit der

Stiftung erleben; für sie wird es in erster Linie ein Unternehmen sein, dessen Organisation kaufmännisch verwaltet werden muss. In mehreren Hundert Jahren wird die Sammlung allein im Hinblick auf historische Bezüge und kunsthistorische Interessen verwaltet werden. Die einst sentimentale Besetzung der Anfangszeit wird mit zunehmender Stiftungsdauer mehr und mehr verblassen und nur noch in überlieferten Beschreibungen nachzuempfinden sein.

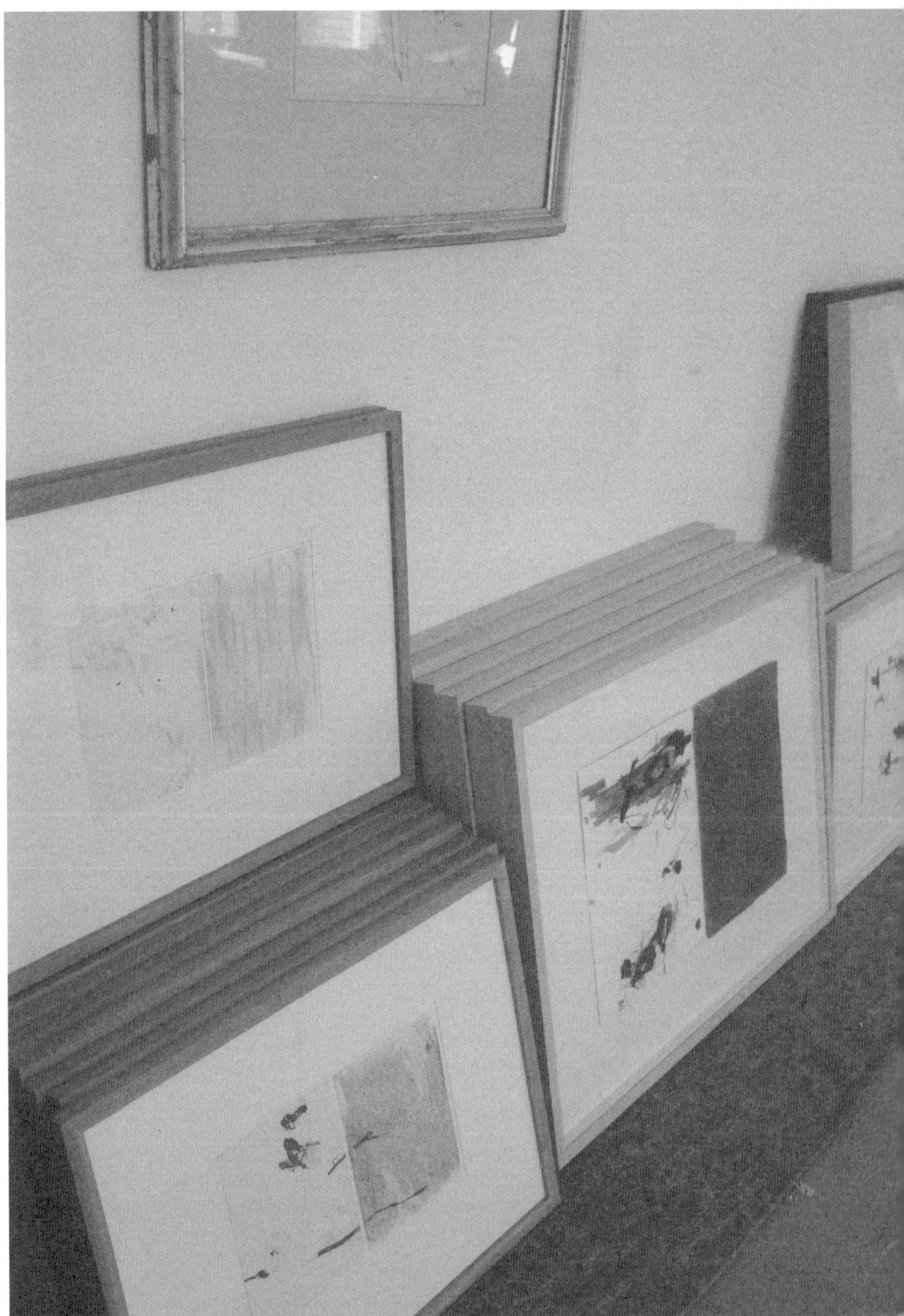

»Jeder, der vorhat, eine private Stiftung zu konzipieren und dann auch ins Leben zu rufen, wird nicht nur inhaltlich die Tragweite reflektieren, sondern auch in materieller Hinsicht die Machbarkeit seiner Stiftung bedenken müssen.«

Private Stiftungen

Wer bei der Gestaltung seines persönlichen Nachlasses bereits konkrete Pläne geschmiedet hat, wird mangels Vorstellungsvermögen in Bezug auf private Nachlasslösungen oder aus gewonnener Überzeugung ein Stiftungsmodell favorisieren. Hier lässt sich das private Stiftungsvorhaben von der Abgabe des Werkes an eine wie auch immer geartete öffentliche Stiftung unterscheiden.

Wie bereits angemerkt, bedarf es bei einer privaten Stiftung, die selbstständig existieren soll, eines in steuerlicher, finanzieller und organisatorischer Hinsicht gut durchdachten Konzepts. Dies muss in der Lage sein, über einen unendlichen Zeitraum hinweg die Aufrechterhaltung der Stiftung zu gewährleisten und den Stiftungsgedanken angemessen zu verfolgen. Allein die Definition des zu erwartenden Zeitraums, der auf eine Stiftung zukommt, ist reglementierend und beschreibt in ihrer Schlichtheit die zu verwaltende Größe des Unternehmens: Jeder, der vorhat, eine private Stiftung zu konzipieren und dann auch ins Leben zu rufen, wird nicht nur inhaltlich die Tragweite reflektieren, sondern auch in materieller Hinsicht die Machbarkeit seiner Stiftung bedenken müssen.

Es ist schon gesagt worden: Die Stiftung wird in einem Umfang zu organisieren sein, der über die kommende Generation hinausgeht. Planungen und Finanzkonzepte müssen die Beschäftigung von Personal, die Lagermöglichkeiten und einen eventuellen Transfer mit anderen Einrichtungen bedenken und auch sicherstellen. Aus jahrelanger Erfahrung kann ich berichten, dass derlei Unternehmungen nicht selten naiv und ahnungslos angegangen werden. Oft haben sie nur das kurzfristige Überleben des Werkes und die nächste Generation als Betreuer des Nachlasses im Sinn. Bei genauerer Betrachtung jedoch ist eine langlebige Unternehmensstruktur der Stiftung oftmals nicht gesichert. Für all diejenigen, die aufgrund zur Verfügung stehender Mittel nicht in der Lage sind, ein Konzept für eine eigene Stiftung zu erarbeiten, gibt es die Möglichkeit, sich bereits existierenden Stiftungen anzuschließen. Dabei wird das Werk oftmals im Rahmen eines Kernkonvoluts einer bestehenden Stiftung überlassen. Eher in Ausnahmefällen werden Werke komplett übernommen.

Im Gegensatz zu einer privaten Stiftung erscheint auf den ersten Blick eine öffentliche Stiftung, der man das Werk einer verstorbenen Künstlerin oder eines verstorbenen Künstlers anvertraut, die klarere und überschaubarere Entscheidung zu sein. Hier sind die ersten Schritte zur Loslösung der persönlichen, familiären Bezüge bereits getan; zudem ist die professionelle Verarbeitung des Werkes in einem finanziell und organisatorisch strukturierten Unternehmen gegeben.

»Auch hier wird die Frage der Vorauswahl, die Frage des Entsorgens, Verschenkens oder Vernichtens von Teilstücken des Nachlasses sowohl auf den Erblasser als auch auf den Erbnehmer zukommen, wie es in anderen Organisationsformen des Nachlasses auch der Fall ist.«

Öffentliche Stiftungen und Nachlassarchive

Als Beispiel für eine öffentliche Stiftung möchte ich das Künstlerarchiv Brauweiler in der Nähe von Köln nennen. Hier wird man seit nunmehr vier Jahren seinem öffentlichen Auftrag gerecht und organisiert die unterschiedlichsten Werknachlässe von verstorbenen Kolleginnen und Kollegen. Die der Stiftung Kunstfonds untergeordnete Einrichtung wird unter anderem von der VG Bild-Kunst finanziert und kontrolliert. Ein Stiftungsrat, der aus Mitgliedern der bedeutenden Künstlerorganisationen und der VG Bild-Kunst selbst besteht, überwacht den Fluss der Gelder. Zudem zeichnet er verantwortlich für die Wahl eines Gremiums, das aus Künstlerinnen und Künstlern, Kunsthistorikern sowie Galeristen besteht und über die Aufnahme von Sammlungen bzw. Nachlässen verstorbener Künstler und

Künstlerinnen befindet. Bereits kurz nach Gründung des Archivs, das neben der VG Bild-Kunst vom Bund und dem Landschaftsverband Rheinland unterstützt wird, stellte sich die elementare Frage nach den Aufnahmekapazitäten. Außerdem wurde auch der Auftrag der Stiftung immer wieder diskutiert, die gesammelten Werke der Öffentlichkeit zuzuführen und in welcher Form auch immer Kunsthistorikern, Studenten sowie einer kunstinteressierten Öffentlichkeit in einem zumutbaren Maße zur Verfügung zu stellen.

Das Archiv Brauweiler zeigt in aller Deutlichkeit die positiven, erfolgreichen Ansätze eines Stiftungsgedankens und den daraus sich ergebenden Anspruch, dem Werk der aufbewahrten Künstler und Künstlerinnen gerecht zu werden. Die Erfahrungen, die hier gesammelt werden, sind beispielgebend für vergleichbare Modelle und werden als solche auch häufig öffentlich diskutiert und vorgestellt. Eine der entscheidenden Vorgaben ist und bleibt die Platzsituation und die daraus sich ergebende begrenzte Kapazität zur Aufnahme. Damit verbunden ist ein Kriterienkatalog für die Künstlerauswahl, der – abhängig von der jeweiligen Besetzung des ehrenamtlichen Gremiums – inhaltlich auch unterschiedliche Auswahlmodi zur Anwendung bringen kann. Angesichts des nicht mehr überschaubaren Berges von Künstlernachlässen in unserem Lande und der darüber hinaus noch folgenden möglichen Menge an weiteren Hinterlassenschaften bedeutet dies, dass es eher unwahrscheinlich ist, dass Kolleginnen und Kollegen zukünftig angenommen werden. Oder anders ausgedrückt: Die, die in den Genuss kommen, ihr Werk in den Händen einer professionellen Nachlassinstitution zu wissen, werden eher die Ausnahme als die Regel sein. Doch selbst bei geglückter Aufnahme in das Archiv sind eine intensive Vorbereitung des Nachlasses und eine umfassende juristische Klärung aller Eigentumsverhältnisse – wie die Ausschlagung jeglicher Ansprüche, die aus dem Zugewinn des Werkes entstehen könnten – herbeizuführen. Im Falle der Aufnahme ist darüber hinaus die Raumsituation innerhalb des Archivs auch eine Vorgabe, sich auf ein Kernkonvolut des Werkes zu beschränken. In Klarheit bedeutet das, dass auch hier die Frage der Vorauswahl, die Frage des Entsorgens, Verschenkens oder Vernichtens von Teilstücken des Nachlasses sowohl auf den Erblasser als auch auf den Erbnehmer zukommen wird, wie es in anderen Organisationsformen des Nachlasses auch der Fall ist.

Ähnlich wie in den Fällen von öffentlichen Stiftungen oder Unterstiftungen, die in Organisation und Verantwortung einer bereits bestehenden Stiftung beigeordnet werden, verhält es sich mit der Übergabe von Werkkomplexen an Museen und vergleichbare Institutionen.

Auszug aus dem Text der Stiftung Kunstfonds / Nachlassarchiv

Ziel des »Archivs für Künstlernachlässe der Stiftung Kunstfonds« ist die fachgerechte Erfassung, Sicherung und Aufbewahrung gesamter Werkkomplexe der jüngeren Kunst.

Nicht die einzelne Arbeit, sondern das Gesamtwerk eines jeden Künstlers steht im Vordergrund und wird der kunst- und restaurierungswissenschaftlichen Forschung zur Verfügung gestellt, um neue Perspektiven zum künstlerischen Prozess zu gewinnen.

Darüber hinaus sollen die Kunstwerke dem institutionellen Ausstellungsbetrieb als Leihgaben anvertraut und so der interessierten Öffentlichkeit gezeigt werden.

Nach mehrjährigen intensiven Planungen wurde im April 2010 in Pulheim nahe Köln dieses Archiv für Künstlernachlässe eröffnet. Wichtige Positionen der Gegenwartskunst werden hier konservatorisch fachgerecht gesichert und bewahrt. Ein Hauptanliegen ist es, die dem Archiv anvertrauten Werkkomplexe konzeptuell als Ganzes oder zu wesentlichen Teilen zu erhalten und sie für Forschungs- und Ausstellungsprojekte zur Verfügung zu stellen. Auch über den Kunstbetrieb und mittels Dauerleihgaben sollen die Kunstwerke für die interessierte Öffentlichkeit dauerhaft zugänglich bleiben. Das Archiv ist auf eine kollegiale Zusammenarbeit mit Ausstellungsinstituten, Museen, Sammlungen, Kunsthandel und ähnlichen Einrichtungen angewiesen und hat bereits vielfältige Verbindungen geknüpft. Bogomir Ecker, Vorstand der Stiftung Kunstfonds, erläuterte anlässlich der Eröffnung des Archivs: »Jenseits von Mainstream und von Moden entstehen immer wieder existenziell bedeutende Werke, die zeitweise gesehen und manchmal wieder vergessen werden. Das Archiv für Künstlernachlässe der Stiftung Kunstfonds bewahrt diese künstlerischen Lebenswerke, wesentliche Positionen der Gegenwartskunst, und erhält wichtige Zeugnisse unseres kulturellen Erbes.«

Aufnahmeverfahren

Da die räumlichen Kapazitäten des Archivs mit derzeit 2.000 m² zwar großzügig bemessen, aber doch begrenzt sind, kann nicht jedes angebotene Œuvre aufgenommen werden.

Deshalb trifft in einem ersten Schritt eine Kommission, bestehend aus Bildenden Künstlerinnen und Künstlern, aus Museumsleitern und Galeristen, eine Auswahl hinsichtlich der künstlerischen Qualität der Bewerber. Die Jury tagt in der Regel einmal jährlich.
Nach positiver Empfehlung durch die Auswahlkommission vereinbaren die Stiftung Kunstfonds und die Nachlassgeber gemeinsam vertragliche Konditionen. Hierbei wird sowohl der konservatorische Befund der einzelnen Kunstwerke als auch das Volumen des Konvoluts berücksichtigt werden. Die Entscheidung, ob ein künstlerischer Nachlass aufgenommen wird, fällt zuletzt und rechtsverbindlich der Stiftungsrat.
Nach Vertragsabschluss werden die Kunstwerke in das Archiv für Künstlernachlässe aufgenommen, nach Brauweiler gebracht und dort magaziniert. Die Transportkosten hierfür tragen in der Regel die Künstlerinnen und Künstler bzw. die Nachlässe.
Je nach vertraglicher Gestaltung können künstlerische Nachlässe auch an ihrem angestammten Ort verbleiben und als unselbstständige Stiftung der Stiftung Kunstfonds angegliedert und treuhänderisch verwaltet werden. Diese Treuhandstiftungen sind in der Regel finanziell selbsttragend.

Vertragsformen

Allen Beteiligten ist wichtig, von Anfang an rechtlich eindeutige Vereinbarungen über die Betreuung der Nachlässe und deren öffentliche Zugänglichkeit zu schließen. Die Nachlässe werden als Zustiftungen in das Vermögen der Stiftung Kunstfonds eingegliedert bzw. treuhänderisch verwaltet, und zwar mit Auflagen, die Künstler und Nachlassgeber mitbestimmen. Verabredet werden kann beispielsweise, dass die Kunstwerke verliehen werden

dürfen und welche Teile des Nachlasses zur Bestandssicherung der Stiftung veräußerbar sind.
Da die Verwaltungskosten nicht von der öffentlichen Hand getragen, sondern vom Archiv selbst eingeworben bzw. erwirtschaftet werden müssen, soll Letzteres besonders dem Zweck dienen, die laufenden Unterhaltskosten des betreffenden Nachlasses und des Archivs zu decken, natürlich nur im Rahmen präziser Absprachen mit den Zustiftern.
Zustiftungen in Form von Kunstwerken können ergänzt werden durch finanzielle Zustiftungen, aus deren Erträgen spezielle Förderprogramme – die Vergabe eines mit dem Namen des Zustifters verbundenen Preises, eines Stipendiums oder Ähnlichem – eingerichtet oder auch Publikationen und Werkverzeichnisse ediert werden.
Für den Abschluss des Vertrags gibt es verschiedene Optionen. Grundsätzlich sind zwei Varianten zu unterscheiden:

Erbvertrag / Testamentarische Verfügung

Künstlerinnen und Künstler bzw. Eigentümer von Kunstwerken oder Künstlernachlässen, die sich erst im Todesfall von ihren Kunstwerken, möglicherweise auch von Geld oder Immobilienvermögen, zugunsten des Archivs für Künstlernachlässe der Stiftung Kunstfonds trennen möchten, schließen notariell einen Erbvertrag ab. In diesem Vertrag werden die Zuwendung an die Stiftung Kunstfonds und die Einzelheiten der Betreuung des Nachlasses nach Eintritt des Erbfalls verfügt.
Lediglich testamentarisch von Künstler(inne)n oder Nachlassgeber(inne)n bekundete Wünsche sind rechtlich zwar bindend, ihre Umsetzung liegt allerdings in der Hand der Erben. Aller Erfahrung nach werden die Erben in

Zusammenarbeit mit der Stiftung Kunstfonds bemüht sein, den letzten Willen zu erfüllen.

Schenkung / Zustiftung

Kunstwerke bzw. Teile eines künstlerischen Œuvres und Vermögensgegenstände können dem Vermögen der Stiftung Kunstfonds zugestiftet werden. Die Zustifter überlassen in diesem Fall der Stiftung schon zu ihren Lebzeiten Kunstwerke, Geldvermögen oder Immobilien. Zustiftungen dieser Art erhalten den Stiftern eine höhere Einflussnahme auf ihre Zuwendungen. Möglich sind auch Schenkungen, die in der Regel ohne Zweckbindung der Stiftung Kunstfonds zufließen. Die Stiftung Kunstfonds schließt bei Zuwendungen jeder Art individuell angepasste und verabredete Verträge mit den Zustiftern.

Alle genannten Zuwendungen an die Stiftung Kunstfonds, die als gemeinnützig anerkannt ist, sind nach geltendem Steuerrecht erbschaft- und schenkungssteuerfrei.

Schaumagazin

Das Archiv für Künstlernachlässe der Stiftung Kunstfonds steht auf dem Gelände der früheren Abtei Brauweiler in Pulheim bei Köln. Mit finanzieller Unterstützung des Landes Nordrhein-Westfalen wurde der ehemalige Gutshof der Abtei vom Landschaftsverband Rheinland, dem Eigner der Abtei, zum modernen Magazingebäude renoviert und ausgebaut.

Weitere Bauabschnitte sind geplant, um den Kunstwerken vor Ort einen adäquaten Schauraum zu bieten. Die bestehenden Magazinräume, die die Kunstwerke im klassischen Sinn archivarisch bewahren, werden erweitert

um ein sogenanntes Schaulager. Gemeint ist damit ein begehbares Depot, das in unterschiedlich großen Räumen und Studios die Kunstwerke – teilweise in Petersburger Hängung – der interessierten Öffentlichkeit präsentiert. Im Schaulager lässt sich an kompletten Werkserien der künstlerische Schaffensprozess in seiner forschenden und bisweilen empirischen Neugierde ablesen und der Besucher kann beim Betrachten der Originale erahnen, dass jedes künstlerische Meisterstück intensive Vorstudien erfordert und eine werkimmanente Entstehungsgeschichte besitzt.
Die Kombination des klassischen Archivs mit dem Schaulager als begehbares Depot formt das »Schaumagazin Abtei Brauweiler« in seiner einzigartigen Komplexität als ein Zentrum für Bildende Kunst und als Partner für Museen, Galerien, Kunsthistoriker, Fachpublikum und Universitäten für Ausstellungsausleihen, Dauerleihgaben und wissenschaftliche Studien. Auch die Sammlung zeitgenössische Kunst der Bundesrepublik Deutschland erwägt, ihre Werke innerhalb dieses neuen Baukomplexes zu lagern.
Das »Schaumagazin Abtei Brauweiler« wird komplettiert durch bereits vor Ort befindliche Ämter des Landschaftsverbandes Rheinland: die Rheinische Archivberatung – Fortbildungszentrum Brauweiler und das Rheinische Amt für Denkmalpflege mit seinen Restaurierungswerkstätten.
(Abdruck: Mit freundlicher Genehmigung Stiftung Kunstfonds/Künstlerarchiv Brauweiler)

Unabhängig von familiären Schwierigkeiten und der Aufgabe jedweden Rechtsanspruchs im Falle der Übergabe des Werkes an eine öffentliche Stiftung, ungeachtet der ausreichenden Ausstattung und eines organisierten Gesamtwerkes: Die Entscheidung für eine Stiftung bedeutet einen arbeitsintensiven Angang, der weit über das Entgegennehmen einer Erbschaft zur eigenen Verwendung hinausgeht. Das Problem der Stiftungen – ob privat oder öffentlich – wird somit in toto auch ein Problem des emotionalen und intellektuellen Erfassens. Oder anders formuliert: Im Stiftungsprinzip spiegelt sich auch die Unmöglichkeit des Begreifens einer in der Zukunft liegenden Unendlichkeit, die – ähnlich der Zeit nach unserem Ableben – weder gedacht oder empfunden noch organisiert werden kann. Die kurz empfundenen Befreiungen von dem erdrückenden Gedanken, der Nachlass könne zergliedert oder zerstört werden, lösen sich in der Ahnung der Unendlichkeit auf – ähnlich unserem Unvermögen, dem eigenen Tod zu begegnen. Die kurzzeitige Beruhigung angesichts einer gefundenen Stiftungslösung für das Problem des Nachlasses stellt lediglich eine Verschiebung von materiellem Gut, aber keine Lösung im Umgang mit unserem Unvermögen dar, die Zukunft in ihrer Unendlichkeit zu erfassen.

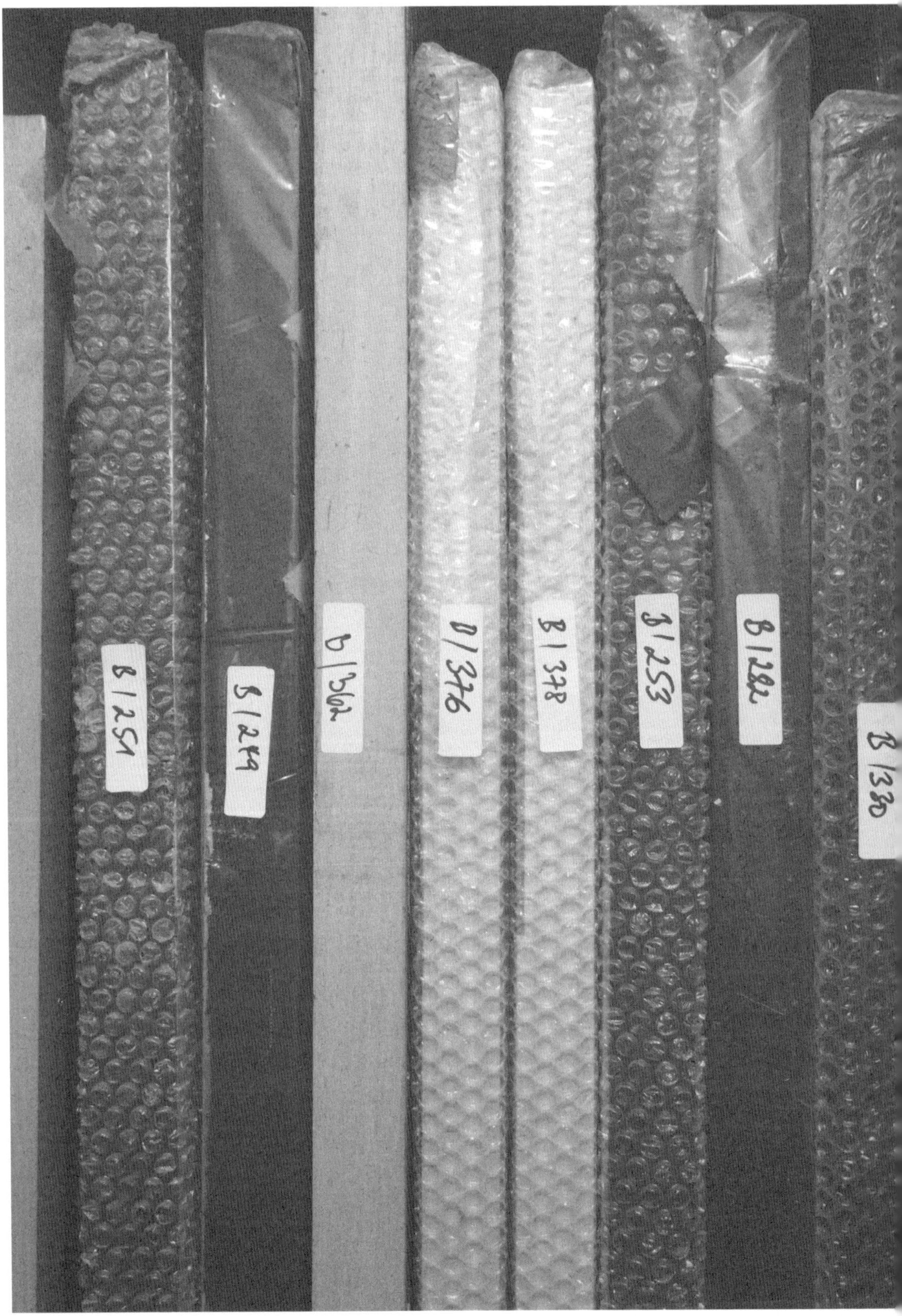
B/251
B/249
B/362
B/376
B/378
B/253
B/282
B/330

»Die Beschäftigung mit dem Problem der Nachlässe relativiert die Sucht nach einem einzigen Moment; sie entlässt uns in unendliche Zeiträume und sie fordert uns auf, unseren Nachfahren auch ein paar Rätsel übrig zu lassen.«

Eine Bemerkung zum Schluss

Wenn wir uns mit Nachlässen beschäftigen, so ist dies, wie schon im Laufe der Abhandlung erwähnt, für alle familiär Beteiligten fast immer und beinahe ausschließlich der Umgang mit dem Verlust eines geliebten Menschen, mit der zu überwindenden Trauer darüber. Es ist eine fortwährende Erinnerung an den Verstorbenen, denn man sieht sich immer wieder den Zeugnissen des Künstlers oder der Künstlerin ausgesetzt. Erst allmählich – manchmal aber auch nie – werden folgende Generationen mit emotionalem Abstand eine neue und vielleicht überraschende Sortierung eines Nachlasses vornehmen können.

Die Werke werden für die unmittelbar Betroffenen – unabhängig von dem künstlerischen Wert – oftmals Erinnerungsstücke, die es schwer machen, Abschied zu nehmen. Der geheime Wunsch, der oder die Verstorbene möge leben und die Familie, die Freunde weiter mit eigenen Bildern beschenken, wird ständig geschürt.

Kunst zu machen, das bedeutet für einen Künstler oder eine Künstlerin, sich selbst zunächst mit einer intensiven, kreativen Suche zu beschenken und das eigene Leben danach auszurichten, um diesen Explorationen nachgehen zu können. Kunst zu machen, das ist trotz der romantischen Vorstellungen, es müsse immer eine Qual und unüberwindbare Tortur sein, ein großes Geschenk. Diejenigen, die es zu Lebzeiten verstanden haben, dieses Geschenk anzunehmen, werden es in letzter Konsequenz ihrem Umfeld, unserer Gesellschaft auch glücklich weitergereicht haben. Kunst ist eine Gabe an unsere Gemeinschaft und so wird ein Nachlass kein Danaergeschenk sein, dem man ausschließlich mit Trauer und Verlust begegnet. Bei allem Verständnis für das schwer zu bewältigende Phänomen des Todes sollten wir uns dankbar mit einem lächelnden Auge all den Schätzen widmen, die uns überlassen worden sind. Dennoch heißt Nachlassverwaltung auch, sich damit anzufreunden, dass einige Dinge – wohl die meisten – das nächste Jahrtausend nicht erleben werden.

So unlebendig einem das Thema ›Nachlass‹ auf den ersten Blick auch erscheinen mag: Künstlernachlässe zu überdenken, das heißt, einen lebendigen Diskurs zu führen, stets über Erhaltenswertes zu sprechen und in letzter Konsequenz auch, sich von materiellen Dingen zu trennen und sie loszulassen. Nachlässe zu organisieren, das bedeutet zudem, eine Wertediskussion in einer Gesellschaft zu führen, die sich ungeheuren Mengen von Kunst gegenübersieht. Wenn wir verstehen, was uns gemeinsam wichtig und bewahrenswert erscheint, werden wir bei aller gebotenen Toleranz und Vielfalt

einen lebendigen Diskurs über die Notwendigkeit und die Nachhaltigkeit von Kunst in unserer heutigen Zeit führen müssen.
Die ›Materialberge‹ werden uns dazu zwingen, von einem Ewigkeitsdenken in Bezug auf die Erhaltung von Kunstwerken und kulturellen Gütern abzurücken. Wir sind aufgefordert, den Kunstbegriff dahingehend zu diskutieren, dass es bei einer künstlerischen Äußerung auch um temporäre Statements gehen kann; wir müssen uns damit anfreunden, dass dieser Gedanke in Zukunft zwangsläufig auf einen Großteil der Kunstproduktion Anwendung finden muss.
Daraus könnten zukünftig in praxi zwangsläufig auch neue Formen einer Entlohnung der Künstlerinnen und Künstler resultieren – einer Entlohnung, die das Handelsmodell der Gegenwerte zu immateriell intendierten Gütern infrage stellen könnte. Wir werden uns über den Dingcharakter unterhalten müssen, der sein Äquivalent immer nur in Reichtum oder der Anhäufung von Geldwerten zu haben scheint. Das Modell eines bedingungslosen Grundeinkommens, gerade im Hinblick auf die Möglichkeiten für Künstlerinnen und Künstler, könnte zweifelsfrei neue Akzente im Umgang mit Kunst, mit Kunstproduktion und in letzter Konsequenz auch mit künstlerischen Nachlässen sein.
Es ist an uns, den Künstlerinnen und Künstlern, für eine Diskussion einzutreten, die den Kunstwerkbegriff, der uns bisher – in alle Ewigkeit manifestiert – unsterblich machen will, zu reformieren, ja gar zu revolutionieren. Es ist an uns, eine Haltung zu entwickeln, die weder das Versagen in sich trägt noch die überzogene Forderung, ein jeder Strich sei bis in alle Ewigkeit bewahrenswert.

Diese Forderungen sind auszusprechen – wohl wissend, dass künstlerisch Agierende oftmals jene Distanzlosigkeit zu sich selbst und zu anderen benötigen, um kreativ zu sein. Dieser Diskurs ist zu führen – wohl wissend, dass nicht alle Künstlerinnen und Künstler in der Lage oder willens sein werden, sich auf derlei Fragen einzulassen. Dennoch: Kunst, das heißt, im Leben auch eine intensive Todesbewältigung abzuarbeiten. In diesem Zusammenhang bedeutet Leben auch, in die Zukunft zu schauen – und dabei ist die Vergangenheit im wahrsten Sinne manchmal auch nur simpler Ballast. Die übersteigerte Vorstellung, all unsere künstlerischen Arbeiten seien zum Heil unserer Nachfahren – materiell oder intellektuell –, das ist, mit Verlaub, ein wenig vermessen.

Die abendländische Tradition, geprägt von den großen christlichen Kirchen, hat mit ihrem Habitus den Konflikt zwischen Loslassen von weltlichen Gütern und dem zwanghaften Bereichern mustergültig vorgeführt. Der Zwiespalt zwischen Ansammeln und einem erlösenden Verzicht schwebt über uns wie ein Damoklesschwert, dem wir uns offenbar nicht entziehen können. Es ist an den Künstlerinnen und Künstlern, sich von derlei Vorgaben und Prägungen zu lösen, sich eine eigene Form der Befreiung von materiellen Gütern und von einem überzogenen, durch den Tod beeindruckten Individualismus anzuerziehen.

Ein falsch verstandener Individualismus, der uns Künstler als Egomanen in die gesellschaftliche Isolation treibt, ist kein Erfolg versprechendes gesellschaftliches Modell, welches in der Lage wäre, kulturelle Güter in die Zukunft zu tragen und Nachlässe verantwor-

tungsvoll zu versorgen. Der gemeinschaftliche Diskurs fordert Offenheit und manchmal auch die Zurücknahme eigener Positionen und Beiträge. Ein falsch verstandenes Urheberrecht, das den Individualismus ausschließlich dem materiellen Gewinn zuliebe sichert und die Abgrenzung zu anderen lediglich juristisch unterstützt, hindert möglicherweise ein gesellschaftliches Fortkommen. Es fördert in letzter Konsequenz eine sinnentleerte Anhäufung von materiellen Gütern, die uns kulturell kaum bereichern und die wir möglicherweise lediglich als Ballast empfinden werden. Bei all den Mengen an Kunstwerken, die ohnehin für unsere Nachfahren bereitgehalten werden, muss nicht ein jedes bewahrt bleiben, um später mit weißen Handschuhen in Katakomben bewegt zu werden.
Die Diskrepanz zwischen in Chaos Geschaffenem und später ›überprotektiv‹ Geordnetem entspricht oftmals nicht dem eigentlichen Werkgedanken oder der Stimmung eines Urhebers, der hedonistisch oder anarchistisch lebte. Der museale Geist von Nachlässen stimmt häufig nicht mehr mit einst gelebten künstlerischen Lebensentwürfen überein.
Wir sind aufgefordert, die Bedingungen von Nachlässen zu hinterfragen, uns mit Mut von vielem zu lösen und uns im Diskurs für das Erhaltenswerte einzusetzen. So widersprüchlich diese Forderung auf den ersten Blick auch erscheinen mag, so beispielgebend ist sie für die Auseinandersetzung mit Nachlässen.
Viele künstlerische Ideen unserer Zeit sind bereits ausformuliert und sorgsam archiviert. Exemplarisch wird auch in Zukunft vieles verwaltet werden, das den Zeitgeist dokumentiert. Es ist der Lauf der

Dinge, dass manches ungerechtfertigt den Weg in den Olymp schaffen wird – und dort vielleicht, ohne dass wir es je erfahren werden, nur für eine kurze Dauer aufleuchtet. Die Beschäftigung mit dem Problem der Nachlässe relativiert die Sucht nach einem einzigen Moment; sie entlässt uns in unendliche Zeiträume und sie fordert uns auf, unseren Nachfahren auch ein paar Rätsel übrig zu lassen.

Bei aller Notwendigkeit eines klugen Bewahrens, bei allen notwendigen politischen Forderungen, Kultur zu sichern, bei aller Liebe zu künstlerischen Äußerungen und bei allem leidenschaftlichen Engagement für die Kunst: Nachlässe zu organisieren und zu verwalten, das heißt auch, sich mit Bescheidenheit dem Phänomen von Zeit und Raum zu nähern. Und was bleibt eigentlich, wenn man es ganz genau betrachten würde, von uns? Manchmal nur ein Staubkorn – und damit eine Wahrheit, die wir notgedrungen und dabei befreiend lächelnd akzeptieren sollten.

Denken Sie …
Eine Checkliste, nicht nur für Künstlerinnen und Künstler

1 Denken Sie über Ihre Wünsche nach!

Teilen Sie anderen mit, was Sie sich wünschen. Informieren Sie mögliche Nachlassnehmer über Ihre Entscheidungen. Denken Sie daran: Wenn Sie sich nicht entscheiden können, überlassen Sie in letzter Konsequenz die Verhandlung Ihres Werkes anderen.

2 Denken Sie an ein Testament!

Schreiben Sie fest, was Sie sich wünschen. Treffen Sie Vorkehrungen, dass Ihr Wille auch umgesetzt werden kann. Hinterlegen Sie ein Testament bei einem Notar oder einem Amtsgericht.

3 Denken Sie ans Geld!

Die Betreuung eines Nachlasses kostet in erster Linie Geld. Die Aufarbeitung, das Archivieren, das Sortieren und Lagern Ihres Nachlasses muss bedacht und finanziert werden. Die Vorstellung, alles könnte verkauft werden und der Nachlass könnte sich selbst tragen, entspricht selten der Realität.

4 Denken Sie an das Finanzamt!

Erben zahlen Erbschaft- und Umsatzsteuer. Ein Künstler, eine Künstlerin führt gegenüber dem Finanzamt einen Betrieb; wird der Betrieb weitergeführt, kostet dies Arbeitszeit und Betriebskosten. Klären Sie die Weiterführung oder eine mögliche Auflösung Ihres Betriebs mit einem Steuerberater.

5 Denken Sie an das Ausmaß eines Nachlasses!

Nachlässe zu betreuen, das bedeutet Arbeit. Sie haben ein Leben lang ein kleines Unternehmen geführt; nicht jeder im Beruf stehende Erbe hat die Zeit und die Energie, um einen Nachlass ganztägig zu betreuen.

6 Denken Sie daran, Ihre Erben über Ihre Geschäftspartner zu informieren!

Galeristen und Ausstellungshäuser sind möglicherweise im Besitz von Kommissionsware.

7 Denken Sie daran, Ihr Werk zu sortieren!

Gewöhnen Sie sich an Lieferscheine und Werklisten. Auch in der Sortierung eines Werkes formuliert sich der künstlerische Gesamtgedanke und somit ein schlüssiges Lebenswerk.

8 Denken Sie an den Nachlass!

Nicht alle Arbeiten können in einen Nachlass übernommen werden. Ein geordnetes Werk und ein definiertes Kernkonvolut sind für jeden Nachlassnehmer einfacher zu handhaben. Entscheiden Sie selbst, was bestehen bleiben soll und was möglicherweise aussortiert werden kann. Schon zu Lebzeiten können Vermerke gesetzt werden.

9 Denken Sie über Schenkungen nach!

Nicht alles wird je verkauft werden. Manch einer der Freunde und Angehörigen kann sich ein Werk nicht leisten, aber umso mehr würde er sich vielleicht freuen, zu Lebzeiten eine Arbeit geschenkt zu bekommen. Auch sind Schenkungen beizeiten aus steuerlichen Vorteilen zu bedenken, lassen Sie sich beraten. Das Depot ist kein Kunstbetrachter und kein Kunstgenießer.

10 Denken Sie nicht nur an das Atelier!

Ein Nachlass besteht nicht nur aus Kunstwerken. Auch ein Haushalt ist aufzulösen und manch jüngerer Kollege würde sich vielleicht über Werkzeug und Materialien freuen. Der Kunstnachlass muss gesondert definiert werden.

11 Denken Sie über Ihre Möglichkeiten nach!

Ob Sie Ihr Werk einer Stiftung übereignen oder ob Sie ein Museum einrichten wollen, ob Sie Ihr Werk den Enkeln zumuten können oder ob das Atelier als Gedenkstätte eingerichtet werden soll: Betrachten Sie Ihre Möglichkeiten und lassen Sie sich kompetent und sachlich beraten.

12 Denken Sie daran, dass manches auch entsorgt werden muss!

Nicht alle Arbeiten können in einen Nachlass übernommen werden. Je früher Sie selbst die Entscheidungen über Entsorgung und Bewahrung treffen, desto sicherer ist die Handhabe Ihres Nachlasses.

13 Denken Sie an die Zukunft!

Verdrängung ist ein gängiges Verhaltensmuster, wenn es um Nachlassfragen geht. Warten Sie nicht auf Krankheit, Entmündigung oder Tod. Je früher Sie mit der Reflexion über einen Nachlass beginnen, desto unbeschwerter können Sie dem Nachlassproblem entgegensehen.

14 Denken Sie an die Unendlichkeit!

Ein Nachlass wird möglicherweise über mehrere Generationen getragen werden. Denken Sie daran, dass Ihre Urenkel Sie nur noch aus Erzählungen kennen werden. Es wird kaum eine emotionale Bindung mehr geben und Ihr Nachlass wird möglicherweise nur noch sachlich verhandelt werden.

15 Denken Sie über unterschiedliche Bewertungen nach!

Gewöhnen Sie sich an den Gedanken, dass andere Ihrer Arbeit nicht den gleichen Wert beimessen werden wie Sie selbst.

16 Denken Sie nicht an den Wert des Nachlasses!

Die Taxierung eines Nachlasses und ein möglicher Verkauf einzelner Stücke hängen von unzähligen Imponderabilien ab. Niemand kann davon ausgehen, dass seine Werke einmal teuer verkauft werden. Rechnen Sie eher damit, dass Ihr Nachlass Kosten verursacht.

17 Denken Sie an ein Gespräch!

Anverwandte oder mögliche Nachlassnehmer sollten über Ihre Vorstellungen informiert werden. Erarbeiten Sie zeitlebens Möglichkeiten im Gespräch und scheuen Sie sich nicht, mit Freunden Szenarien nach dem Tode durchzuspielen. Ihre Erben werden für jedes gesprochene Wort dankbar sein.

18 Denken Sie nicht nur an sich selbst!

Schenken Sie anderen Menschen Vertrauen und denken Sie daran, dass Ihr Nachlass andere auch überfordern könnte.

19 Denken Sie an ein Loslassen!

Ihr Nachlass wird eines Tages von anderen verwaltet werden. Ihr Werk wird einen eigenen Weg bestreiten müssen! Vertrauen Sie der Intensität Ihrer Arbeit und entledigen Sie sich der Last des Nachlasses im Loslassen.

Über den Autor

Frank Michael Zeidler wurde 1952 in Leipzig geboren und ist in Ulm an der Donau aufgewachsen. 1972 legte er das Abitur ab und studierte nach seiner Wehr- und Zivildienstzeit Philosophie und Germanistik an der Eberhard Karls Universität Tübingen. Um das Studium zu finanzieren, arbeitete er mehrere Jahre im Notfall-Rettungsdienst. 1977 bewarb er sich für das Studium der Malerei an der HdK in Berlin und wurde Meisterschüler bei Prof. Martin Engelman. Anschließend arbeitete er als künstlerischer Mitarbeiter für fünf Jahre in der Grundlehre der HdK Berlin und übernahm von 1991 bis 1992 eine Gastprofessur für Malerei an der Johannes Gutenberg-Universität Mainz.

Im Jahr 2000 erwarb er mit seinem Künstlerkollegen Hubertus von der Goltz das Pferdelazarett in der ehemaligen Garde-Ulanen-Kaserne in Potsdam. Sie bauten es als Atelierhaus und Ausstellungshaus ›Kunsthaus Potsdam‹ aus und gründeten 2003 den Kunstverein KunstHaus Potsdam, der sich über die Jahre national wie international als ein bekannter Ausstellungsort etabliert hat.

Seit 2000 ist Frank Michael Zeidler Vorsitzender des Deutschen Künstlerbundes, dem er seit 1983 als Mitglied angehört. Er engagierte sich in der Dachorganisation IGBK und vertritt seit 2008 die Interessen der Bildenden Künstlerinnen und Künstler als Verwaltungsratsvorsitzender der Verwertungsgesellschaft VG Bild-Kunst.

Seit 2009 ist er Mitglied des Aufnahmegremiums des Künstlerarchivs Brauweiler.